股票超入門 2

只看開盤就知道當天漲跌、股價貴翻了卻有人還是一直買⋯⋯
股市裡的大玩咖，他們如何——

看盤選股

「口碑大好評
全新增訂版！」

新米太郎 編著

恆兆文化

CONTENT

CHAPTER 1

誰是
股市勝利組

沒有學習是不行的；

沒有好態度是不行的；

沒有明確的策略也是不行的。

股市勝利組不靠運氣，

靠精明的算計。

三個故事帶你看見
股市裡的投資勝利組與失敗組

失敗組／勝利組 ① **打探明牌的莉莉 v.s. 潛心研究的小花**

辦公室裡常見一個場景──「聽說小花做股票很厲害賺很多錢！」

莉莉聽到這樣的傳聞，下了班就跑去跟小花擠同一台電梯，希望探聽到會賺錢的股票。小花看在同事的份上，只好義務性的把正在研究並看好的幾檔股票跟莉莉說。

連證券戶都未曾有過的莉莉立志今年要開始理財，仗著有同事小花當靠山，認真的耐著性子，終於學會如何網路下單。

莉莉自言，她對股票一點興趣也沒有，純粹只想賺錢，所以即使開了戶，要買什麼股都是小花給的資訊，自己完全不用心。剛開始成績不錯，但後來逐漸失利。「我的錢在變少！為什麼？」莉莉開始對小花發牢騷。本來一片好心的小花就跟莉莉疏遠了。

「對了，問營業員最準了！他們天天在看盤！！」

莉莉開始把瞄頭放在她的營業員身上，下班總是找各種藉口跑去證券公司找營業員聊天。原以為這樣的資訊最正確，但……還是不順利。

「外行果然是不行。必須問專家！」

莉莉開始像看購物頻道一樣，下了班就盯著投顧老師的節目物色人選，她花了十萬元加入了某老師的會員，心想，這樣子就萬無一失了！！沒想到投顧老師所推薦的股票，比之前兩位免費的更糟糕！

該怪自己運氣呢？還是遇人不淑？心裡好想不要再「做股票」了，可是，投資資金只剩原來的一半，真的很不甘心……，於是，莉莉回頭過來怪罪收了她十萬元，卻給了一堆沒效資訊的投顧老師；莉莉去號子也責怪營業員為何沒做好服務，讓自己賺不到錢；三不五時想到同事小花更是一肚子火……。

賠掉了一半的投資資本，莉莉至今許多股票的用語還搞不太清楚，別說財報看不懂，連計算本益比、公司淨值也不曾動手過，當然，股價圖也不曾研究過。

同為投資人的小花，她的態度跟莉莉則截然不同。

小花不僅認真學習股票的基本知識，也留心媒體上的財經新聞。不過，她從未對「加入會員」心動，因為她清楚的知道，**只有自己挑選的股票，才知道什麼時候進、什麼時候出。就策略上，該檔股票是長期投資呢？還是短線交易。除了自己，別人是無法幫忙設定的。**小花尤其喜歡研究股價圖，假日總上網研究股價圖好幾個鐘頭。她還有一套股票投資的年度計劃，所有交易總是按照既定計劃冷靜投資。

選擇股票小花從不假手他人，買進賣出的理由一定完全說服自己為止。找不出好的時機與值得投資的股票時，也絕對不會勉強買進。有時好幾個月她的交易是0，目的是等待下一次機會的到來。

儘管如此努力，也不代表就能一切順利，小花也會碰到買進的股票下跌。遇到這種情況，她總會把交易日記拿出來檢討，並從這些記錄中找出自己成功和失敗的模式。

像這樣，每天學習才是成功投資者的必經之路。

表1-1 肯學習／不肯學習＝勝利組／失敗組

NG！不適合股票交易者		OK！適合股票交易者	
把投資失利歸咎於他人 （失敗組範例－－莉莉）		買進、賣出均有充足理由 （勝利組範例－－小花）	
習性①	不瞭解基本知識不看新聞	習性①	學習基本知識，掌握新聞
習性②	不知道如何看股價圖	習性②	滿腔熱情的研究股價圖
習性③	隨性而行，投資沒計劃	習性③	設定股票投資計劃
習性④	選股都依賴別人	習性④	自己選股並自己定策略
習性⑤	把損失的原因推給他人	習性⑤	記錄交易，反省自己

失敗組／勝利組 ②　頻繁操作的美美 v.s. 掌握進出節奏的MARY

　　上班族美美是勤快的股票族，不管任何時間總是盯著手機裡股市行情不離手，就連開會空檔也不例外。「美美是做短線交易吧！」但她卻回答「我不確定自己是做長還是做短，總之，我喜歡做股票」。美美對股票十分狂熱，而且十分自信，曾向同事驕傲的說，自從投資股票，就再也沒有缺過零用錢。

　　有一天大行情來了。美美持有的四檔股票全都大幅上升。以前「只透過股票賺一些零用錢」的光景，轉為大幅度獲利，她自忖「難道我是天才？只用這麼短的時間就獲取如此高的利益！」於是，美美將手邊可活動的現金悉數投入股市，包括定期存款、標會。但不久之後，美美的股票卻一一下跌。

　　之前的所賺取的利潤全化為泡影。

她哪裡不對了？

首先，長期投資與短線交易沒有先搞清楚，兩個攪和在一起操作是嚴重的失誤；再者，**當持有股票全部大幅上漲時，股市熱度可能已達到頂點。若事先沒有投資策略，一旦獲得巨大利潤後容易流於過度自信。但正是因為獲得了巨大利潤，美美更應該慎重，弄清市場是否已經處於過熱狀態，股價是否已經過高。如果不能冷靜的看待市場，就容易失敗。**

美美的同事MARY也投資股票，但兩者的投資風格卻截然不同，就交易成績而言，也比美美好太多！

首先，MARY從不會一邊上班一邊還關注即時行情，而且很清楚自己手中的股票類別——那些是長期投資？那些是短線交易。

MARY交易還有一項特色，就是交易時期非常不均衡－－

某個時期可能會頻繁交易，但是也會有好幾個月手中沒有股票。因為她知道，進出股市要懂得掌握節奏，休息也是操作的一部份。

MARY認為**自己並非基金公司或機構法人，個人投資者有休息的自由。選擇勝算高的時候買進，出現利潤後賣出，然後就可以休息。如果找不出值得投入的時間點，就空手等待！**MARY在「空手」的時間並非完全不關注股票，她還是會花時間研究大盤漲跌與類股輪動，並尋找準備買進的候補股票「在股價較低時買進，因為股價沒有上漲空間就沒利潤。」

大盤指數是判斷行情的重要參考值，當大盤指數跌時，大部份的個別股票應該算是便宜的時候；相對的，大盤指數如果已經在高檔了，個別股票的價位通常也是在高檔。

企圖在股價最高點賣出是沒必要的，而且也容易因小失大，MARY建議投資人檢查過去的大盤，觀察一年內大盤明顯漲多了總會回檔，這種技術性的下跌一年至少也有兩、三次，如果能掌握住股票回檔的時間買進股票，進場價就算是便宜了，因為進價便宜，所以成功機率比較高。

圖1-1　慎選時機／隨性隨意＝勝利組／失敗組

● (態度錯誤：不顧趨勢太愛做股票) 因獲利輕鬆心生驕傲而不知減碼者……。

● (態度正確：掌握等待→買進→賣出→空手) 趁每年兩、三波大的下跌段才進場操作。

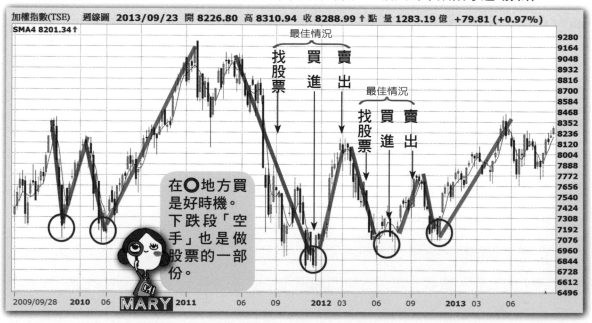

（圖片來源：XQ全球贏家）

失敗組／勝利組 ③ 不理性長線持股的小李 v.s. 波段操作的David

　　小李和David都是股票新鮮人，兩人時常一起討論股票操作方法。

　　2013年初，一位朋友推薦小李買華碩，當時股價是320元，朋友建議獲利目標價是350元，小李在320元進場，股價不負所望上漲超過目標價。

　　早早就進場的小李很得意，在帳面上賺了一大筆後，也推薦好友David，David在研究過基本面後，並沒有立刻買進，而是觀察均線，等到行情站穩月線與季線之後，才以330元的價格買入。雖然跟小李相比，David買進的價格比較貴，但對David來說，利用技術指標確認行情是一定要的，當然，出場時機David也利用K線，2013年的3月初，週K線出現很長的上影線次週又收黑時，David就以350元的價格賣出持股。反觀，小李因為不懂得技術，也沒有明確的交易策略，至今仍在等待價格回到成本價。

　　很多投資人陷入「沒賣就不算賠」的「絕對價格」期待，老實講這種交易方式的風險太高了。與其預測「XX股會來到XX元」倒不如找到一個好的進場點，用「相對價格」執行賣出計畫，也就是──尋找有利的上漲機會點進場，設定一個獲利率與停損率，像機器(或說"公式")一樣的進出，風險反而比較小。

　　投資人對於「股價可能再次上漲」存在著迷思，像小李這種股資人，因為曾看過股價到達某個價位，總會存在著「忍耐一下，股價應該就會再上漲」的幻想。的確，股價有可能會再次上漲，但根本無法得知什麼時候上漲。而如果一直保留縮水的股票，資金等於就被卡在裡面，在這段等待股票解凍的期間，本來可以投資其他股票的資金卻「被綁」在這裡死死不放手。這種資金近乎已經沈睡，完全談不上資金效率。

　　陷入這種「絕對價格」迷思的投資人，應該好好想一想，真正「解套」的有效方法是什麼？是投顧老師所推薦的「飆股」呢？還是投資策略上出了問題？擔心賣太早、擔心虧損是人之常情，股票交易不止技術要純熟，制定交易與執行交易策略更是致勝的關鍵，因為這是能夠避免感情用事，真正積累收益的方式之一。

圖1-2　策略明確／瞎矇似賭＝勝利組／失敗組

●（瞎矇似賭：小李範例）交易策略不明確也不務實。

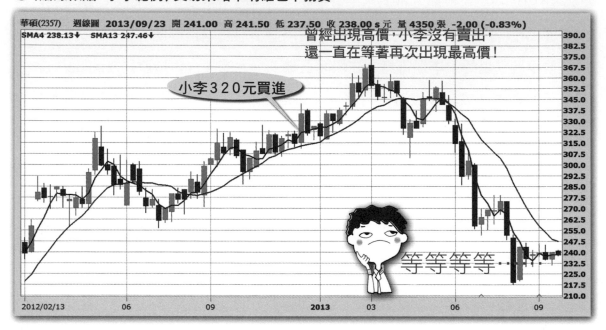

●（策略明確：David範例）為獲全勝，制定明確的機械性買賣方式。

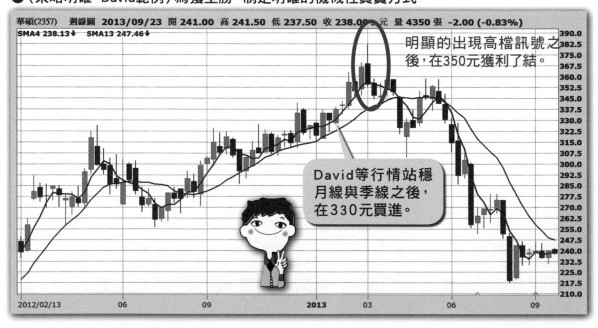

（圖片來源：XQ全球贏家）

長時間？還是長期間投資？

即使很好的企業10年後會變成什麼樣子也是無法獲知的！企業的命運掌握在經營者手中，就算現在的經營團隊很優秀，但投資人也不能保證未來的經營團隊也有相同傑出的表現。雖然不是鼓勵短線投機進出，但買股票就是為了獲利，若不找出合適的策略，在一買一賣之間賺進差價，長期投資反而風險更高。下圖是鴻友近10年的還原月線圖(也就是已經把權息算進去股價了)，若是長時間持有這檔股票，苦等了10年，也不一定就有回報。另外，就是資金運用的效率問題，如果你用100萬購買台股「長時間」放了10年，10年後就算獲利，也就是所投資的100萬增值了！但如果把100萬每一年周轉1次交易，如此持續10年，這樣的績效就會是獲利的10倍。所以「長期間的投資經營」應該比「長時間的等待獲利」合理。

圖1-3　鴻友（2361）近10年的還原月線圖

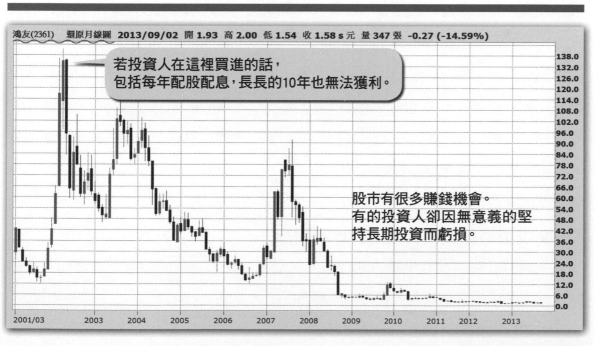

（圖片來源：XQ全球贏家）

股市勝利組
一張計畫表搞定獲利

投資人都能體會，能否在市場獲利的關鍵之一在於情緒控制，但不論是何種投資人，看到股價上漲後繼續上漲，在情緒上沒有不會變得更積極的；而看到股市下跌會擔心它無止境下跌也是人之常情。但是，如果不能控制這種情緒，就無法成為股票投資的成功者，為了避免感情用事，要制定交易計劃。

為了方便說明，本文採年度計畫為周期當成範例，實際上這種公式也能套用於月計畫、周計畫甚至是當沖計畫。

5個制定策略重點與合理的目標利潤率

交易有計畫，就能冷靜的進行每一次交易。如果沒有先定計畫就開始投資的話，投入股市的現金無異於任憑市場擺布。

以年度為例的計劃應如何制定呢？

有以下五個重點：① 年度目標利潤率；② 年度交易次數；③ 一次投資的目標

停利率；④ 一次投資的停損率；⑤ 年度目標勝敗率。

上述的5個元素只要有一個變動，其他的數字也會跟著變動。

交易計畫類似運動競技比賽的幾勝幾敗，如果遇到的對手很難纏（停利率訂得很高，但打贏了就贏了很多分）少打幾次勝仗也能取得全面的成功；如果對手很容易克服（停利率訂得低，但打贏了只會贏少少的分數）就得靠頻頻打勝仗，才能獲得相當的利潤。

每位投資人的實際情況不同，有些人一星期難得有幾小時看盤，能交易的次數也少；有些人則每天看盤也能天天交易；而初學者與老行家所期許的目標利潤率也不同。這個方法可視情況自由設定調整。

從投資計畫中可以看出來，**每次交易只不過是整個投資計劃中的「一顆棋子」，最終都是為了提高全局利潤。只要有了這種意識，就不會被貪欲和恐慌擺佈，能按既定的模式進行每一次交易。如果可以確實執行，就能達到年度全局獲利的目標利潤率。**

附表是年度計畫範例，讀者可以先決定停利率與停損率（原則：停利率＞停損率），數值要設定多少？有經驗的投資人可以依照自己過去的交易紀錄，取合理值，新手可參考範例的基本值。交易次數則依照交易習性，通常業餘的上班族交易次數可以制定少一點，如果時間很充裕就能把次數調多一點，但這不是絕對的，有些優秀的職業投資人交易次數反而很少。

計算的方式很簡單，如果一年交易11次，7勝4敗，勝敗率就是7/11，也就是63.6％。若停利率設定是10％停損率設定是8％，全年度的利潤率就是（7次×10％）－（4次×8％）＝38％ 依此類推。

這是一種計算順序，也可以反過來計算，先設定年度目標利率再反推回來，每次停利與停損要設定多少、應該交易幾次……。

可能有人想把目標利潤率設定很高，但是並不是目標高就好。應考慮到自己能用於投資的時間和技術，設定可以實現的數字才合理。

表1-2 交易計劃的5項變數

目標利潤率	不能制定過高的目標。要設定一個可以實現的數字。
交易次數	考慮到自己能用於投資的時間,決定交易次數。
停利率	比「一次投資的停損率」高。但是不能過高。
停損率	要比「一次投資的停利率」低。
勝敗率	設定過高的成功率沒有必要。可以依自己的能力與經驗慢慢調整。

表1-3 交易計畫範例（※本計算方式忽略交易手續費與稅金。）

	基本	例1	例2	例3	例4
	一般初學者與業餘上班族的基本模組。	想再多賺點錢的上班族……願意多花時間努力選股,提高成功機率。	沒太多時間看盤,交易次數少,但要提高獲勝率。	可以多交易,成功率即使低一點還可以有高報酬。	專業級的玩家,停利率高因為選股有經驗。
目標利潤率	20%	38%	38%	80%	50%
交易次數	20次	20次	11次	80次	40次
停利率	10%	10%	10%	10%	15%
停損率	8%	8%	8%	8%	7%
勝敗率	50% (10勝10敗)	55% (11勝9敗)	63.6% (7勝4敗)	50% (40勝40敗)	37.5% (15勝25敗)

股市勝利組選股－－
選擇行情容易掌握的個股

　　每一次投資的停利率和停損率如何設定呢？一般情況目標停利率要比停損率設定得高。這樣一來通過反復交易才有利潤。而設定每一次投資的目標停利、停損率與個股選擇有關。因此，在執行交易計畫的第一步就是選擇個股。

　　首先，要關注個股過去股價的平均上升率。原則上要選擇過去平均上漲率比自設停利率高的個股。又因為每檔股票的上升率並不一定和以前的上升率相同，所以要留有一些餘地，以防沒有上升到原有程度的情況。還有，也要儘可能選擇歷史上升率數值比較穩定的個股。

　　比如，在【優良版】的範例中，台積電近兩年的平均上升率約10％，如果你的計畫停利率是8％，台積電就算是合格的投資標的。另外，也不用強調一定要賣在最高點買在最低點，取一個中間較保險的波段操作，勝算會加大。

　　相對的，如果選擇過去上漲率很不平均，例如【不良版】圖例曾經狂飆到近171％的上漲率，在狂跌之後，股價上漲水準也還是不整齊，如此就不適合了。

圖1-4　優良版範例 台積電（2330）近期日線走勢圖

（片來源：XQ全球贏家）

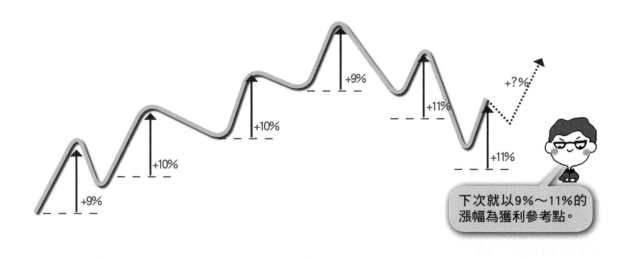

以過去上漲率為基礎，估計這一次也在這個範圍內。
例如，觀察台積的走勢，每次波段的上漲在9%～11%之間，當行情再次下跌，有
止跌回升跡象時，投資人就以9%～11%的漲幅為獲利滿足點。
像這樣的個股，就適合做為穩定操作的標的。

圖1-5　不良版範例 志嘉（5529）近期日線走勢圖

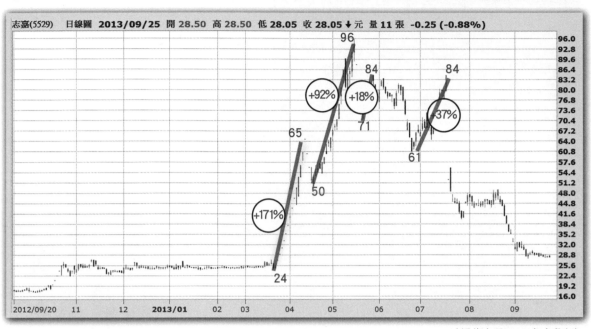

志嘉(5529)　日線圖　2013/09/25　開 28.50　高 28.50　低 28.05　收 28.05 ↓ 元　量 11 張　-0.25 (-0.88%)

（圖片來源：XQ全球贏家）

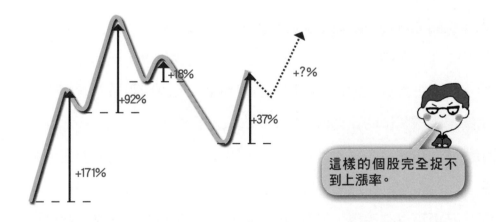

每檔股票都有它的「股性」，回顧個股過去的走勢，可以了解它的波動情況如何。
以這裡的「志嘉」為例，價格的波動難以找出規律，像這樣的股票，就不適合追
求穩定報酬的投資人操作，然而，它卻適合追逐高報酬又能承受高風險的投資者交
易。

股市勝利組選時－－
選擇只在上漲率高時拚勝負

　　如果僅僅關注個別股票而不注意整體股市的話，有可能落入「見樹不見林」的偏見。因此，有必要當行情差時暫停交易。因為整個股市情況都好的話，個別股票也比較容易上漲，買進信號命中的機率也容易提高。股市整體的狀態很差的話，也許在平常情況下很明確的買進信號反而成為反向指標。

　　股市整體和個股之間關係是很密切的。投資人對於現階段能否賺到錢，第一要務就得先從股市整體的狀況來考慮，如果能做到在不易賺錢的空頭行情時期完全不交易股票，甚至可以空手等上好幾個月，那麼，交易的功夫就算是很厲害了。

　　從那些角度評估股市整體趨勢呢？總結有5個觀察方向：

　　1.觀察「股市題材」。

　　在股票圈，比起新聞內容的本身，更重要的是股價對該新聞的反應。這一點投資人得慢慢的用心體會。

　　股市熱絡且人氣旺是容易賺錢時期，股價對於利多消息反應很快速，此時對不

利的消息則反應很冷淡；相反的，如果股市處在大家都悲觀的不易賺錢時期，股價對利空消息的反應會十分敏感，而對利多消息沒有什麼反應。

近期台灣有不少經營得很有特色的財經節目，每天會整理當天的重要訊息，也會邀請專家從產業面、技術面、籌碼面做分析，投資人可以多留意，尤其新手不是很快能分辨景氣訊號與經濟指標，透過電視節目的解說，對看盤功力有助益。

2.觀察「領導股」動向。

股市有所謂的「領導股」（也有人稱「主流類股」）也就是有實力帶領行情的個股，例如，有一段時間，台股的蘋果供應鍊很強，蘋果相關類股就成為帶領行情上攻的重要指標。而當市場景氣不佳時，也有可能完全找不出「主流類股」，這不是好現象，說明當時的股市缺乏題材，猶如軍隊找不到好的將領衝鋒一樣。

相對的，若領導股有很好的上升勢頭，其他的相關個股也容易跟著上漲；如果領導股暴跌了，整體股市就會出現崩潰的信號，其他的個股也就很難賺到錢了。

3.觀察「重要移動平均線」走勢。

根據移動平均線的方向，就能瞭解股市的走勢。重要均線上升的時候就表示容易賺錢，下降的時候就表示不容易賺錢。

一般來講外資喜歡參考200日均線，台股投資人則習慣將季線(60日移動平均線)、月線(20日移動平均線)做為重要的參考指標

4.觀察KD、MACD……等「計量化指標」。

計量化指標有相當多，請參考本系列書的「股票超入門7－投資技巧」一書。

5.觀察「籌碼」動向。

籌碼最重要的有三大法人、融資、融券、主力等等。請參考本系列書的「股票超入門10－籌碼細節」一書。

準確的掌握大盤趨勢並不是件容易的事，尤其近年來外資法人頻繁的利用期貨、選擇權操作國內股市，即使你不參與這些衍生性金融商品，也要懂得外資是如何運用這些工具的，才不致誤觸陷阱。請參考「期貨超入門02－台指期籌碼」。

表1-4 參考指標，找出股市容易賺錢時期與不容易賺錢時期

參考指標	容易賺錢的時期	不容易賺錢的時期
觀察股市題材 瞭解股市總行情	對業績惡化消息沒反應，對業績良好消息則立刻做出反應。	即使業績好股價也下跌，對業績惡化消息敏感且立刻下跌。
領導股的動向 發揮先行指標作用	領導角色個股開始強勁上漲。	領導個股先行崩潰。
重要移動平均線 顯示大的走勢	處於低價圈，下跌的股價低檔盤整並開始上漲。	處於高價圈，上漲的股價高檔盤整並開始下跌。
技術指標 測量市場冷熱程度	出現買進訊號。	出現賣出訊號。
籌碼情況 誰持股多？外資？ 國內法人？散戶？	股價在低檔，融資由底緩步上升。外資加碼。	外資、土資一起賣。 融資過高，隨時有拉回危險。

圖1-6 選擇上漲率高時拚勝負範例：加權指數日線走勢圖

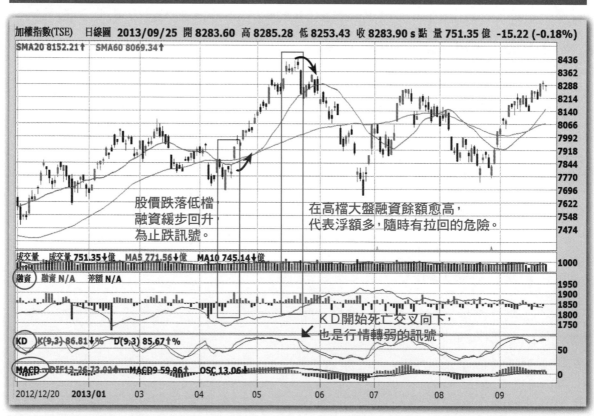

（圖片來源：XQ全球贏家）

股市勝利組選趨勢——
選擇中期趨勢開始時

趨勢。

這兩個字投資人一定不陌生，常聽到專家說，投資要掌握「*趨勢*」，雖然這是一句四平八穩的鐵規則，可是，說了等於沒說，因為大家都知道趨勢很重要，可是，就算是諾貝爾的經濟專家，也不一定能捉住*趨勢*，更何況一般投資人。

太遠的例子就不說了，以2008下半年的全球金融風暴為例，就很少有專家學者提早發出警語。可見得，捉趨勢真不容易。不過，趨勢也有分長期趨勢、中期趨勢與短期趨勢，難度很高的長期趨勢（也稱「主要趨勢」）跟產業結構與新技術革新有關（其中還包括難以量化的因素如政治、天氣等等），就算花很多時間研究也不一定能捉得準，但中、短期趨勢卻是可以從一些具體、簡要的徵兆看出。

例如，我們可以把市場在跌深之後反彈調整當成一個中期趨勢；將投資人因獲利了結而產生的股價調整當成短期趨勢。把握住中期與短期趨勢，雖然不能百分之百命中，但至少會讓整體操作勝率提高。

為要捉住中期趨勢，投資人可以利用大盤的週K線圖，只要發現股價從高處下跌，跌了一段時間之後，週K線出現長下影線，而且接下來幾週也頻繁出現長下影線的K線型態，說明有相當的「支撐」力道，這裡就可視為中期上漲的訊號，因為在充分下跌後買進，再進一步下跌的機率比較低。

　　投資人利用這種「偏離」，在大盤指數中期調整後已開始發揮上漲能量時，就可以實踐平日選股功課——對好股票掌握住進場時機。

圖1-7　大盤週K線若在下跌一段時間後頻頻出現長下影線，可視為轉折底部

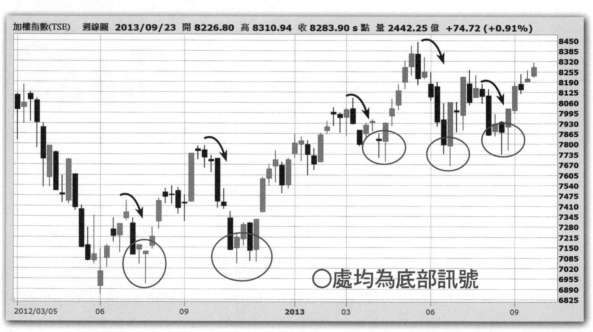

片來源：XQ全球贏家）

景氣循環圖也可參考

　　另外一種掌握中期趨勢的方法，就是利用景氣循環圖。

　　市場上有所謂「三段上升、三段下跌」的說法，三段上升分別為初升段、主升段、末升段；三段下跌分別為初跌段、主跌段、末跌段。

　　行情處於末跌段時整個社會瀰漫著悲觀氣氛，新聞報導不斷出現負面財經新聞，包括

企業跳票、大公司解散、外移、裁員……，這時投資人幾乎是怎麼買怎麼套，有種「跌深不知處」的感覺。於是一批一批的投資人因失望而離開市場，這時候悲觀的氣氛到達了極點，因為想賣股票的人都把股票賣出去了，股價反而有「打底」的現象，於是市場出現股票賣了，但股價卻不跌的現象，也就是所謂的「利空出盡」，隨之而來是下一波的漲勢開始。

初升段是悲觀情緒與悲觀行情到了極點，下一輪上漲走勢的開始，但跌跌不休的末跌段會到什麼時候沒有人敢打包票，所以對企圖「撿便宜」的投資人而言，這個階段也不易辨識。

「主升段」則是對未來獲利的預期樂觀所形成的。這個階段最明顯的是價、量齊揚，人們的手頭開始變得寬鬆，度過了不景氣市場，看壞的人減少，新的資金投入股市，股市又有了生氣。

這一種捉趨勢的方法比較抽象，但也不完全沒有任何跡象可循，投資人要憑一點經驗，另外，則要用心觀察，雖然無法很明確的指出，現在的行情處於「那一段」，但配合股價圖形、新聞消息，還是能提前嗅出行情的氣氛。

表1-5 景氣循環、股價與消息面三者搭配，推演出股價所處的階段。

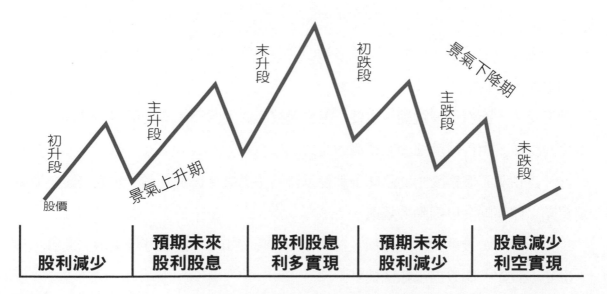

股市勝利組策略－－
做股票＝做預測＝要停損要停利

　　做股票，就是在做價格的預測。

　　什麼是預測？

　　「這檔股票雖然現在在跌，但是到了100元時就會上漲，並有機會上漲到110元⋯⋯」。

　　「這檔股票，不久就會出現買進的信號而且會上漲；但一出現賣出信號，就會立刻下跌⋯⋯」。

　　投資人一面看行情跳動，也要一邊參考技術線圖預測未來的價格。透過反復地做這些工作，對行情就逐漸有預測的能力。

　　一旦預測了價格變動的趨勢，就要以此為基礎擬定買賣計劃。也就是說，要制定買點、停利點、停損點的規則。

　　買賣計劃，最重要的是停損。在操作不利時，如果不能很好地處理，就會積存大量套牢股票，導致自己無法抽身。

買賣股票要像經營企業那樣的思考，試想，那些能創造利潤的商人，無一例外都是制定了出清存貨規則，並嚴格執行的人。

在態度上，制定停損規則，請掌握以下3項重點：

1.如果股價的變動與當初設想的不同，停損。

2.停損在自己能接受的範圍內。所以不能拖拖拉拉，當損失擴大到無法收拾的地步時，這時連想停損都乏力。

3.當市場出現重大利空，說明計劃失敗了，就要立刻停損。

不管你對行情變化多麼的有自信，都要同時考慮兩種立場：一種是自己預測正確；一種是自己預測失誤。用一個簡單的例子來說明。

假設你認為行情將上漲，但同時也預則上漲的幅度不大，計畫中就可有如下圖的因應方式，也就是在買進股票的同時設定「超過最近的高價→賣；低過最近的低價→賣」的因應方式。

這種方法雖然很難一次獲取大利潤卻可一點一點累積獲利。

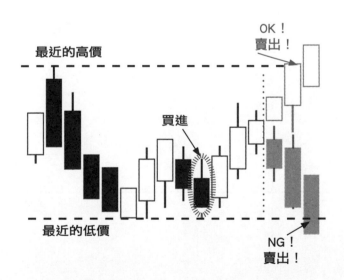

以上的策略，應用在預測行情為「上漲＋波動小」時。

如果你判斷行情處在大多頭市場時，如何不喪失追求獲利又兼顧風險呢？

有一種叫做「移動式固定金額停損法」相當適合。

顧名思義，這是一種讓損失固定在一定金額的投資策略。比方說，你認為台積電100元之上還有相當大的成長空間，於是你就設定只要賠2元，就停損出場。當股價100元時，就設定98元之下就停損賣出。若股價上漲到101元，就設定99元之下賣出。若股價上漲到105元，就設定103元之下賣出……依此類推。

　　「移動式固定金額停損法」還有一種「變型」，就是把時間因素考慮進去。

　　你可以想像股價是X軸、時間是Y軸，在股價上漲的過程中，一般的情況是漲得愈久、跌的機率就愈大，所以，股價漲離成本區愈遠(假設漲勢未停)下跌的機會就愈大，因此，停利的方法是隨著股價的上漲而變少。

　　如圖例所示，若你以100元價格買進10張股票，隨時上漲愈久、價格愈高，風險意識就要更大，所以，要分批賣出，讓部份獲利先落袋為安。

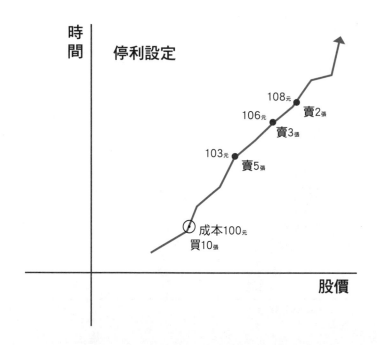

　　上述的交易策略還有一種進階型，也就是以當時的股價走勢採取階段性設定停利點的方式，一點一點的累積到手的利潤。停利點的設定可以從股價圖的「最近的最低價」或是利用均線、成交量或各種計量化指標當成停利點。

圖1-8 階段性停利範例：環泥(1104）日線圖

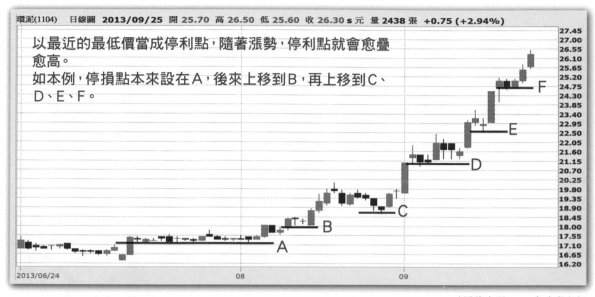

環泥(1104)　日線圖 **2013/09/25** 開 25.70 高 26.50 低 25.60 收 26.30 s 元　量 2438 張 +0.75 (+2.94%)

以最近的最低價當成停利點，隨著漲勢，停利點就會愈疊愈高。
如本例，停損點本來設在Ａ，後來上移到Ｂ，再上移到Ｃ、Ｄ、Ｅ、Ｆ。

（圖片來源：XQ全球贏家）

表1-6 股市勝利組一定不會忽略的三件事

什麼時候買進？	◆ 看股價圖型態和技術指標的買進信號。 ◆ 搭配個股的基本面並查看新聞，擬定漲、跌交易計畫！ ◆ 信號出現了，發出買進委託！
什麼時候停利？	◆ 由股價圖上確認「行情轉折點」在那裡？ ◆ 股市反覆波動的差價也是目標！ ◆ 隨著股價的上升，選定停利方式。
什麼時候停損？	◆ 股價圖的線型崩潰就撤退！ ◆ 自己制定損失不超過ＸＸ元 ◆ 技術指標出現警戒信號！ ◆ 業績向下修正或大環境不利的意外發生！

巴菲特的投資學
算得進台股的勝利組嗎？

像巴菲特一樣，長期持有好公司的股票，在台股投資上可行嗎？

老實講，台股的歷史不像美股那麼長，所以，沒有「實驗組」可做為對照。投資人只要考慮一個問題即可，也就是台灣也有類似像可口可樂這樣行銷全球又握有獨特配方的公司嗎？若有，你的投資耐性能像巴菲特那樣持有數十年嗎？

藝人小 s 的公公許慶祥曾因持有長期且大量的鴻海股票而被喻為「台股的巴菲特」，然而，一檔基因（6130）股票的內線交易疑雲，讓這位知名投資人的交易手法與方式蒙上陰影。

股價一度到達高價後回檔調整，再上漲到高於上一次的高價，這就是上漲趨勢，也就是股價反復上漲－調整－再上漲－調整。對於個人投資者，上漲趨勢是最有利的行情。即使一次買進時機不對買進後股價下跌，還是可以忍耐等到再次上漲。如果行情真的「總之就是會漲」所以任何時候買進都可以嗎？

理論上是這樣子，但實際情況用在台灣的股票往往是不行的。因為台股的股性

不像美國。當大環境不同，交易方式真是需要因地制宜。

首先，像巴菲特這種長投投資的方法資金效率很低。

在高價處買進，下跌後等待再次上漲需要時間。相同的利潤，最好在相對短的時間內實現比較好。此外，也有可能整體市場處於長期上漲趨勢，但是個別股票會因為某種原因是下跌走勢。

所以，最好的方法就是隨時做好停利的準備，選擇在上漲之後價格回檔調整時買進，上漲後賣出……而且可以更換標的反復進行。這樣不會浪費時間，資金有效率的周轉，利潤就能提高。

長期上漲行情總有盡頭的一天（除非國內真的那一天出現像可口可樂這樣的好公司），如果行情進入下跌趨勢，卻想著總有一天會上漲，買下股票一直放置不賣掉，就容易遭受巨大損失。因此，一定要嚴格遵守自己決定的停利與停損。這樣才能將損失控制在最低限度，而到手有的利潤也才能入袋為安。

表1-6 像巴菲特一樣長期持有單一股票並不務實，還是按計畫交易比較實在

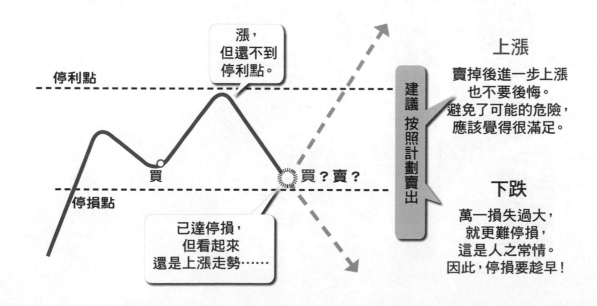

CHAPTER 2

看盤讓你比別人早一步

就早一步，
投資的成敗關鍵往往就在那一步！

超實用的開盤八法，
就算你是股市新手，
也能即學即用。

看最佳五檔
早一步知道買主、賣主計畫

　　股價線圖記錄了交易的結果。而委買委賣最佳5檔與成交明細則揭示則顯示了到達這個價格的過程。不管你採用的是那一家公司的看盤軟體，盤中都會看到類似下圖的畫面。

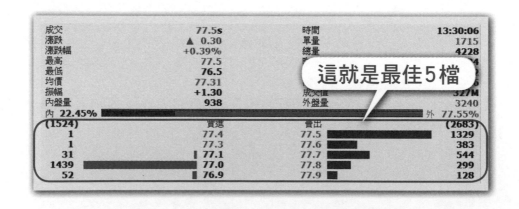

　　買賣股票的方法有兩種，一種是「限價交易」也就是投資人自己設定一個價位，到達那個價位電腦將自動成交；另一種是「市價交易」也就是投資人不限定價

位，一律買單以「漲停價」買入，賣單以「跌停價」賣出。利用這個最佳5檔的揭示板，能看出一部份(也就是「限價交易」者)目前想要買進與想要賣出者心中的價位與數量。

為了更清楚的說明最佳5檔，以下圖為例。

中間是限定的價格，左邊是預定要賣的單量，右邊是預定要買的單量，也就是說，目前交易所電腦所收到的資訊，預定在100元要賣出的有22張、在99.5元要賣出的有37張；在95.5元要買進的有54張……依此類推。

以現在來看，買賣雙方沒有交集所以沒有成交。

限價賣出
想要以限定價錢賣出的人，就在這裡排隊！

最佳5檔揭露		
賣量	價格	買量
22	100	
37	99.5	
54	99	
34	98.5	
17	98	
	97.5	32
	97	57
	96.5	75
	96	66
	95.5	54

限價買進
想要以限定價錢買進的人，就在這裡排隊！

如何才能成交呢？

如果出現以下三種情況中的任何一種，交易都將成立——

例《1》：若出現有人以97.5元賣出20張；

例《2》：若出現有人以98元買進10張；

例《3》：若出現市價交易買進50張。

例《1》
以97.5元賣出20張，這裡的買量「32」將變成只有「12」。因為20張已經成交。

最佳5檔揭露		
賣量	價格	買量
22	100	
37	99.5	
54	99	
34	98.5	
17	98	
	97.5	32
	97	57
	96.5	75
	96	66
	95.5	54

例《2》
以98元買進10張，這裡的賣量「17」將變成只有「7」，因為10張已成交。

例《3》
以市價買進50張，這裡的價格「98」整排將消失，價格「98.5」的賣量「34」將變成只有「1」。因為50張市張單已成交。

最佳5檔揭露		
賣量	價格	買量
22	100	
37	99.5	
54	99	
34	98.5	
17	98	
	97.5	32
	97	57
	96.5	75
	96	66
	95.5	54

股價是「賣出狀態」和「買進狀態」的價格和股數互相妥協的結果。
如果出現例《1》～例《3》的預定，交易將成立。

初次學會看最佳5檔揭示板的人也能反應出,「比較一下賣出和買進的預定數,能夠大致預測行情的上漲下跌!」沒錯,版面上賣出量多,股價不易上漲,買進量多股價不易下跌。而且即使買進有優勢,如果在某個價格出現大量的賣出狀態,那麼,上漲趨勢將很難達到頂點……。以上是很容易理解的事情,雖然「版面」可以讓投資人瞭解檯面上多、空的攻守情況,但還是要小心謹慎。

最佳5檔揭露		
賣量	價格	買量
220	100	
370	99.5	
540	99	
340	98.5	
170	98	
	97.5	32
	97	57
	96.5	75
	96	66
	95.5	54

當賣量壓倒性的大於買量,
表示想賣的人很多。
但這不是絕對的,因為也有可能
是有心人士「虛掛」,目的就在
打煙霧彈以操控行情。

　　首先,「版面」無法顯示市價買進或市價賣出的情況。比如那些心想:「價格不是問題,只要能馬上買進(賣出)就好」的人,他們的意圖與動向從版面中是無法看出的。尤其是短線交易者,不少人都「很討厭排隊」,總是以市價買賣,所以要由最佳5檔看行情,並不能完全準確。此外,最佳5檔往往也是主力作價的機會點。比方說,當股價已經被迫退到低點了,主力可以在賣1、賣2、賣3、賣4、賣5掛大量的單,使投資人以為賣壓真的很大,等到大家看壞行情而出售持股時,主力快速的取消委託賣單,如此,主力就「吃」到了便宜的貨了。相對的,主力在買1、買2、買3、買4、買5布大量的買單,讓投資人以為會繼續上漲,等到大家追價的時候,再刪單並賣出,股價就可能快速的下跌。

內外盤是什麼意思？

看盤的時候，還會看到「內盤、外盤」，所謂的「內盤」指的是以現在的「買價」成交；「外盤」是指以現在的「賣價」成交，也就是看當時新增的買賣單是落在那一個價位來決定。

以附圖為例，目前買進價是97.5，賣出價是98，這表示有人願意用97.5買進，而且掛了買單；也有人願意以98元賣出，並且掛了賣單，但上述這兩張單子並沒有交集，所以不會成交。

這時，如果小美手中有這檔股票，並願以97.5元賣出，其賣單就會跟目前的97.5元買單產生交集，於是就成了「內盤價成交」；另一位投資人小花花覺得用98元買進也還划算，就掛個買單，於是就會跟現在的98元賣單產生交集，就成交了「外盤價成交」。

賣方：外盤價

外盤價目前最低是98元。
如果現在的成交價是98元，
就是外盤價成交。

最佳5檔揭露		
賣量	價格	買量
22	賣5 100	
37	賣4 99.5	
54	賣3 99	
34	賣2 98.5	
17	賣1 98	
	97.5 買1	32
	97 買2	57
	96.5 買3	75
	96 買4	66
	95.5 買5	54

買方：內盤價

內盤價目前最高是97.5元。
如果現在成交價是97.5元，
就是內盤價成交。

內盤最高價和外盤最低價在盤中的變化是以掛單為準。
比如98元的賣單都被買完了，此時外盤最低價就是98.5元，然後再繼續撮合。

至於市場會有多少像小美一樣願意用97.5元賣的投資人？有多少像小花花一樣用98元買的投資人？

要看當時投資人對這檔股票的預期以及想持有(或賣出)股票的急迫性。簡單來說，如果大多數人看漲的情況，那麼以「外盤價」成交的機會就高一些些；如果大多數人看淡，以「內盤價」成交就會多一些些。

有些看盤軟體或網站，還會秀出內、外盤的比例，它的意義是指截至目前為止，以內(外)盤價成交的佔總成交的比例是多少，所以兩者相加一定會等於100%。

比方說，如果內盤成交比例是46%，外盤成交必定是54%。一般認為外盤成交比例若明顯高於內盤成交比例很多，表示買盤強，股價容易上漲；若是內盤成交比例比外盤成交比例大很多，就表示賣盤強，股價容易下跌。

通過內外盤的比例，可以嗅到當天是主動性的買盤多還是賣盤多。但投資人最好能結合股價所處的位置與成交量綜合研判。因為就實際的情況，有時外盤成交量大，價格卻不一定上漲；內盤成交量大，價格卻不一定下跌。

一般說來，如果股價已經跌了幾波，相對來講股價偏低，且成交量縮小，之後出現成交量慢慢變大，外盤大於內盤，股價上漲的訊號就比較可靠；相對的，股價已經漲了幾波，價位相對高，成交量也大，大有「漲到頂」的勢態，接著內盤大於外盤，股價下跌的訊號也會比較可靠。

此外，外盤成交比例大增，但股價卻不漲，這種「怪現象」很可能是主力製造的假象，快賣出持股吧！相對的，若是內盤大量增加，股價卻不跌，同樣是「反常」，也有可能是主力假打壓真吃貨，就可以選擇站在買方。

圖2-1 內、外盤範例

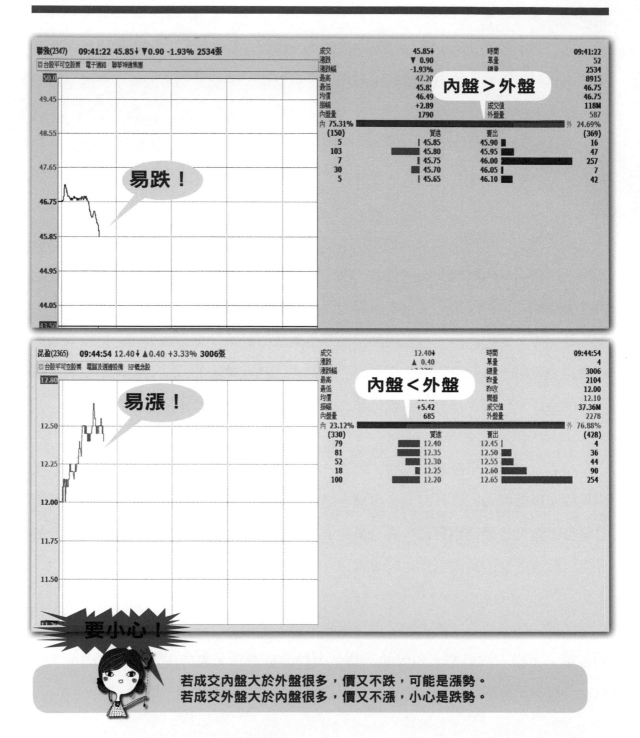

（圖片來源：XQ全球贏家）

看交易明細
早一步發現大戶蹤跡

最佳５檔和分價明細表如何運作呢？

請先看範例。

某家企業早上10點31分，委託以112元賣出的有38張，以113元賣出的有20張……；以111元要買進的有4張，掛110元買進的有5張……，這是最佳五檔的功能。

在交易時間內，如果委託買進和委託賣出撮合成功（其中包含以市價買賣的單子），買賣就成立，原本你在版面上看得到的委託單將從版面上消失。

像這樣，每加入一筆委託單，最佳五檔的版面數字就會變動，而每成立一筆買賣，成交明細表的畫面就會閃爍一下並更新資料。這種「閃一下」「數字變換一下」的交易氣氛對投資人相當有感染力，能讓投資人明顯的感受到股市的氣氛。尤其是當沖交易者，更在乎頻繁的行情跳動。

看行情表最精彩的地方就是，盤面的氣氛突然發生顯著變化的瞬間。

這些瞬間，往往是開始表現出強烈的上漲(下跌)的時候。

再回到附表。

行情在10點30分之前，盤勢沒有什麼動靜，但在10點31分高價處突然多了很多賣單掛在那裡，讓氣氛有些沈重。但是，在10點34分突然出現大量買進，112元的38張賣單和113元的20張賣單都被消化掉了。

這種交易成立的情形，可在「分價明細表」上查看，這個表就是股票交易記錄，股票每筆成交的記錄會秀在這裡，每成功交易一次，最下面的資料就會往上跳一個位置(有些軟體是由上往下跳，參考時間軸就知道)。

以附表例子而言，10點32分連續進來大批的買單，讓原先在高價要賣的單子一個一個地消失了。

這樣氣氛的轉變，讓10點31分之前的沈重氣氛一下子改變了。

因為強大的買進力量開始發揮作用，顯然這似乎存在著某個讓股票上漲的因素。很多已經在等待的買方投資人開始敲進買單，在10點34分情勢變成買單量變多！採取當沖交易的投資人最傳統的交易模式就是一旦發現了股市出現這種勢頭，就立即加入「人多的那一方」，一旦發現它有衰退的跡象，就趕快賣出。甚至是立刻加入反方向「人多的地方」。

圖2-2 短線投資人不錯過盤面瞬間變化！

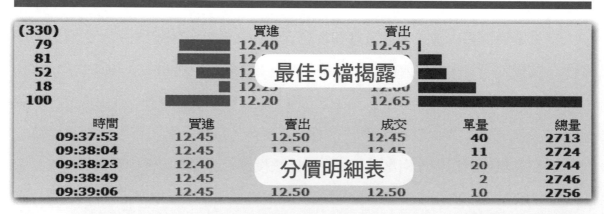

（圖片來源：XQ全球贏家）

表 2-1 最佳 5 檔與分價明細表的關係

最佳五檔 10：31			
買量	買價	賣價	賣量
4	111	112	38
5	110	113	20
12	109	114	25
13	108	115	18
16	107	116	10
掛賣的單比買的單多很多，看起來賣壓很重。			

→ 3分鐘後……

最佳五檔 10：34			
買量	買價	賣價	賣量
10	115	116	10
15	114	117	5
20	113	118	10
35	112	119	6
12	111	120	5
委賣單被快速的買單消化，之後，還湧進很多買單。			

分價明細表			
時間	成交	單量	總量
10：31	112	2	632
	112	1	633
	112	20	653
10：32	112	10	663
10：32	112	8	671
10：33	113	10	681
10：33	113	5	686
10：33	113	5	691
10：33	114	2	693
10：33	114	1	694
10：33	114	22	716
10：33	115	2	718
10：34	115	1	719
10：34	115	5	724
10：34	115	10	734

10：31在112元大的委賣單在10：32，全被買走了。

在114元又出現大買單！

按時間不斷更新

看成交量
早一步跟進行情啟動的腳步

　　股票能獲勝，掌握「盤感」是因素之一，特別是「量大」時的盤面變化。換句話說就是要把注意力集中在「從靜態急速變化到動態」的上面。

　　具體如何運用在看盤上呢？

　　歸納為以下的三點：

　　一、看最佳五檔那裡出現量大委託單。是賣？還是買？委託要賣的量多，行情就容易下跌；委託要買的量多就容易上漲。

　　<u>不過，股價變化沒那麼簡單！例如，當出現了大量委託買單卻看不見行情真的上漲時，可以看作是「上漲動力不足的證據」。</u>

　　試想，如果搶這檔股票的人很多的話，大量的買方委託單（靜態的）應該會受到刺激，使得高價買進（動態的）應該會出現，但若實際上這個動態並沒有出現，也就是價格一直沒有上漲，那麼那一些等得不耐煩的買方交易者就會大量取消委託或反手賣出股票，原先大量的買單在盤面上會消失，最後甚至可能出現暴跌。

這情況經常出現。

所以，當你發現「啊！出現了很多大量的買方委託單喔！我也買吧！」而以市價買入時，很可能才一瞬間明明很大量的買方委託單一下子就不見了！所以，要有靈活的交易對策，不能直接斷定出現量大的委託單就一定會走單邊行情。

因此即使量大的買單出現，也不能篤定必漲。因為可能有以下情形——

1.出現大買單但價格沒上漲的情形；

2.在大量買單和大量賣單抵消的情形，行情還是不動；

3.委託買單的投資人中途把委託單取消。

表 2-2 看盤技巧①即使出現了「量大的買單」也不能掉以輕心

最佳五檔			
買量	買價	賣價	賣量
12	110	111	5
15	109	112	7
6	108	113	10
5	107	114	6
52	106	115	12

幾秒鐘後……

最佳五檔			
買量	買價	賣價	賣量
5	107	108	10
2	106	109	6
4	105	110	7
5	104	111	8
2	103	112	4

雖然出現了大量的買量，但接近成交時50張委託買單突然不見了！

二、如果量大的賣出委託能順利消化，而且行情也真的是強力上漲，一般都會認為「對了！這是要上漲的強力證據！」

但是，在這種情形下，必須考慮成交的價位是處於高檔區還是在低檔區。低檔區直接把它看成上漲力強勁也是OK的，但是如果發生在持續上漲後，出現「量大

的賣出委託被買進」的動態，將可能是上漲動力耗盡的標誌，之後可能出現暴跌。

　　所謂量大的賣單，指的是想以這個價格賣出的勢力很大，若能順利的被買單消化，可以判斷有上漲潛力。但是，如果這是在高價圈內發生，也有可能是要買進的人都買完了，能量耗盡行情即將轉為下跌。

表 2-3 看盤技巧②在「量大的賣單」被吃掉但仍保持高價時，也需要謹慎。

最佳五檔			
買量	買價	賣價	賣量
4	109	110	300
12	108	111	20
7	107	112	15
21	106	113	18
10	105	114	17

一下子就被吃掉了……！

分K線圖表

三、注意5檔之外看不見的委託單與隨時出現的市價單

　　所謂「最佳五檔」也就是盤面中最多只出現買、賣各五檔，因此，在這之外還有很多「看不見的委託」所以投資人要養成揣測那些沒有在最佳五檔之列及以市價進場的交易者心裡在想什麼。例如，行情雖然持續上漲，可是，很多投資人在看到股票價格持續上漲後，會想要立刻獲利了結，反而會出現賣單齊發的情況，如此就很可能出現暴跌。尤其投資人要在重要的行情揣摩那些「看不見的投資人」的反應，行情在接近重要的行情關卡時買、賣股票的人會增加，其中包括：

　　①過去出現過的最高價和最低價；

　　②型態波動範圍；

　　③重要的移動平均線；

　　④整數關卡如：50、100這樣的轉折點。

請看以下的範例，雖然還沒看見120元的賣單，但也許它真的存在。

表 2-4 看盤技巧③要經常思考看不見的版面

最佳五檔			
買量	買價	賣價	賣量
10	112	113	5
12	111	114	4
7	110	115	5
8	109	116	2
9	108	117	6
		118	4
		119	15
		120	50

看起來股價上漲中……

看得見的版面

看不見的版面

也許有看不見的大賣單
等在那邊，
這種機率不是沒有！

投資人委託買賣的價位常在關鍵價處，所以遇些重要關卡，投資人要特別注意。當然，也不能忘記，許多人是以市價即時買賣，從盤面就更猜不出來。

看分K線圖
盤中短線價差一把捉

　　投資人最常看的是日K線圖，也就是1根K線記錄一天行情變化的基本股價圖，一般人除了常用日線、週線，短線交易者還必需參考時間更短的分K線圖。

　　這麼短時間K線圖，應該如何看呢？以5分鐘K線圖為例，它表示每5分鐘的4個價格（開始價、最高價、最低價、最終價）變化。5分鐘K線的看圖法跟日線、週線看壓力、支撐、型態的方法都相同。利用移動平均線判斷行情方式也一樣──股價高於移動平均線，可以看作是上漲趨勢；股價跌破移動平均線時可以獲利了結或者停損。

　　5分鐘K線圖表示短期的變化，只選看6根移動平均線通常會出現頻繁和股價交叉，所以，一般配合觀察5分鐘K線是在12根移動平均線上面還是下面。

　　5分鐘K線圖若要捕捉買進時機可以採用12根移動平均線為大致的標準。也就是股價突破12根移動平均線的地方可以視為買點。至於一般常用的計量化指標像RSI、KD、MACD等等，判斷方式也都跟日K線圖用法一樣。

圖2-2　5分鐘K線看圖範例

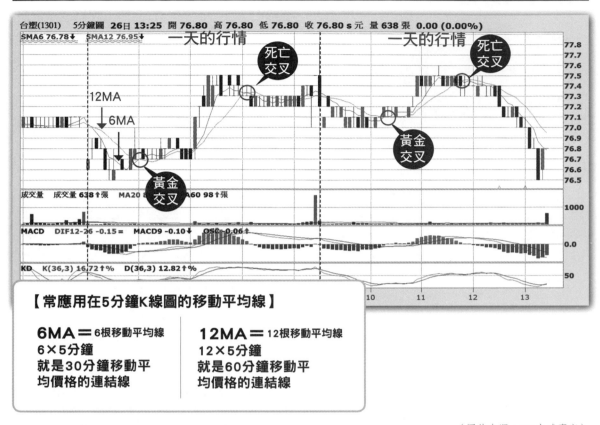

（圖片來源：XQ全球贏家）

TICK圖與1分鐘K線圖

短線交易重在行動敏捷，除了5分鐘K線圖，極短線交易還會用到「1分鐘」和「TICK」這樣的股價圖。

英語中TICK表示時鐘走動的聲音，在股票中，表示競價中約定成功的各個交易資料也叫TICK。TICK股價圖按順序將交易時間內約定的所有價格用點表示，所以比1分鐘K線更清楚記錄股價詳細變動。投資人可以運用TICK察覺的行情氛圍，運用技術分析方法冷靜的進行判斷。

「1分鐘」和「TICK」分析的方法和其他股價圖沒有兩樣——連結最近的高價和低價，得到趨勢線，捕捉到股價的方向性後再探尋買進和賣出的時機。

圖2-3　1分鐘K線範例

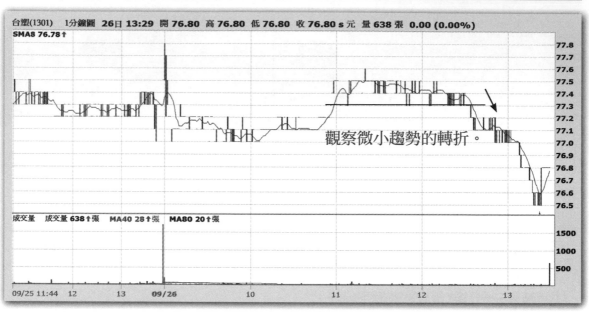

觀察微小趨勢的轉折。

（圖片來源：XQ全球贏家）

圖2-4　TICK圖範例

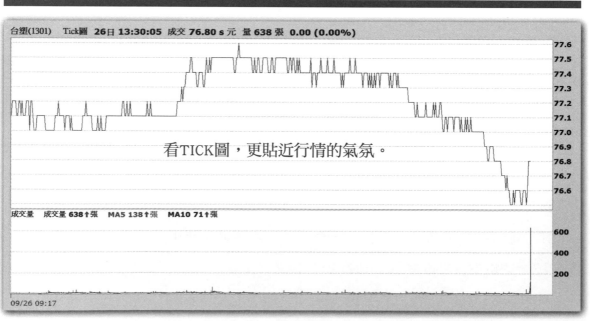

看TICK圖，更貼近行情的氣氛。

（圖片來源：XQ全球贏家）

看開盤15分鐘
當天會漲會跌立刻就知道

看圖解盤對於短線投資人很重要，尤其是看開盤跟看尾盤，這其中雖然有很多「規則」可循，但也因為這些「規則」反而可能被短線投機主力當成「陷阱」誘殺散戶，所以，投資人學習的同時也要避免跳進主力的陷阱。

以下的看圖法為一般常用的方式，實戰場上還得配合量、時間、計量化指標、消息面等多面配合。

開盤，是一整天行情很重要的一個環節，因為多空雙方經過一夜的沉澱，相對於前一天的收盤而言，若是開高盤，說明人氣旺，搶籌碼的心理較多，市場有看好的一面，但是，若是開得太高，使得前一天買進的投資人心想「賺到錢了，落袋為安吧！」反而容易因為獲利回吐而把行情打下來。

相同的，如果開盤開低，表示獲利回吐心切，或投資人看壞行情，認為即使損失一點只要能賣掉就好的心態，未來就有看壞的可能。

如果開得不高也不低，說明多空暫時沒有戀戰的情緒。

富有研究精神的日本投資人很早就研發出「開盤八法」解構開盤情況，預測極短線的走勢，這套技術是利用開盤前15分鐘每5分鐘的趨勢，也就是9：05、9：10、9：15等三個時間段的漲跌以推算當天的行情。

利用開盤模式研判當天行情就好處來看，它可以讓投資人有一定的依循規則，不致於對著盤面搞不清楚今天到底要站在多方還是空方，至少可以降低「逆市操作」的風險性。不過，也有其缺點，比方說盤中有突發性利多或利空消息時，開盤法準確性將降低；另外，開盤法不少老練的短線投資人都採用，這反而成為主力很好操控的「盲點」，當主力要誘殺散戶時，只要把開盤的圖形「做出來」讓投資人跟進，再伺機左右行情，就可以達到主力出貨(吸貨)的目的了。

另外，剛開盤的15分鐘內，參與交易的投資人還不多，買賣盤不大，有心人士可以用不需很大的資金就能達到他所要的目的，但隨著時間愈往後參與的人多，買賣盤就比較實在了。還有，在盤整行情中，開盤八法也會變得訊號不明顯，此時就需要搭配其他技術指標。以上都是學習開盤八法前投資人要知道的。

表 2-5 開盤模式的取樣方式

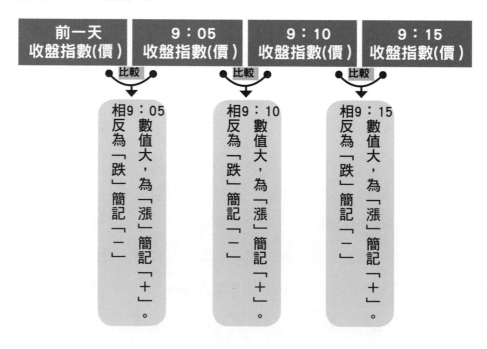

表 2-6 開盤八法的判斷基礎

開盤模式	排列方式	形成因素預測	當日趨勢預測	多or空
1 連3漲	＋，＋，＋	· 有利的題材出現。 · 關鍵價位點被突破或跳空突破。 · 大型績優股領軍上漲。 · 處於上升趨勢中，大漲小跌。	· 收中長紅。 · 次營業日短線仍有高點。 · 指標強勢股出現大紅棒或漲停。 · 價量配合得宜。	多
2 連3跌	－，－，－	· 不利的題材出現。 · 關鍵價位點失守或向下跳空。 · 大型績優股帶頭下跌。 · 處於下跌趨勢中，大跌小漲。	· 下跌趨勢。 · 次營業日短線仍有低點。 · 指標強勢股出現大黑棒或跌停。	空
3 1漲2跌	＋，－，－	· 通常在下跌趨勢中出現。 · 指標股已失去領軍作用與效果。 · 主力股有拉高出貨的可能	· 下跌趨勢。 · 指標股可能下跌並出現大成交量。	偏空
4 1跌2漲	－，＋，＋	· 在上升趨勢中出現。 · 開盤後指標股繼續上升，但部份個股因投資人獲利了結而反壓。 · 可能有主力介入。 · 可能高低檔換手時常出現。	· 拉回整理時會有買盤出手，且追價意願積極。 · 震盪行情中底部愈來愈高。 · 留下下影線以紅棒作收機率高。 · 下個交易日仍有高點可期。 · 盤中價量配合。	偏多

開盤模式	排列方式	形成因素預測	當日趨勢預測	多or空
5 2漲1跌	＋，＋，－	· 在上升趨勢中出現。 · 震盪趨堅。 · 底部漸漸高，但不一定能收在高點，有帶上影線的壓力。 · 價量配合上漲可期；若價量背離宜觀望。 · 指標股是大盤發展關鍵。	· 原則上作多。 · 介入以當日強勢股為主。	偏多
6 2跌1漲	－，－，＋	· 可能正處於盤跌行情。 · 反彈的行情也有可能。	· 低檔可能有支撐買盤。 · 選擇有指標性的個股為主。 · 易帶下影線，次日尚有高點可期。	偏多
7 1漲1跌1漲	＋，－，＋	· 漲跌的幅度有限，屬於橫向整理的格局。 · 成交量不會太大。 · 指標股出現不強烈，或是沒有指標股。 · 行情不會有太大的變化。	· 有可能盤跌，也有可能盤漲，暫時觀望。	盤整
8 1跌1漲1跌	－，＋，－	（同上）	（同上）	（同上）

要小心！

也有人採第一個10分鐘、第二個10分鐘、第三個10分鐘做為開盤八法。
此外，收盤的最後15分鐘，也有指標性作用，尾盤走淡的話，要留心隔天可能開低盤，必要的話，就賣出以防隔天更強力的下殺；尾盤若走強的話，也可以適當的持有，迎接第二天可能開高的行情。

圖2-5　開盤八法實戰範例

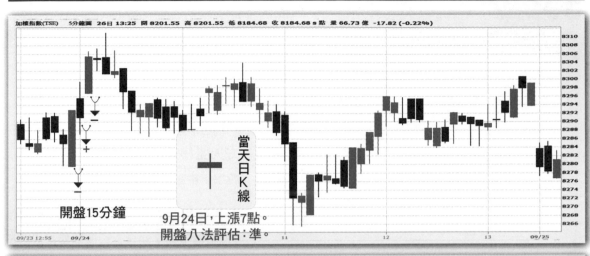

加權指數(TSE)　5分鐘圖　26日 13:25　開 8201.55　高 8201.55　低 8184.68　收 8184.68 s 點　量 66.73 億　-17.82 (-0.22%)

當天日K線

✝

開盤15分鐘

9月24日，上漲7點。
開盤八法評估：準。

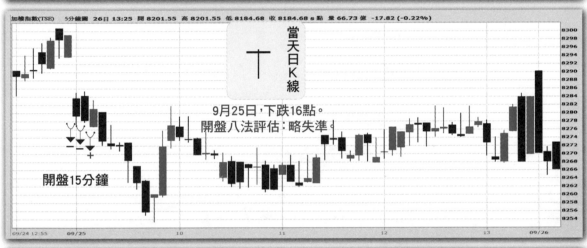

加權指數(TSE)　5分鐘圖　26日 13:25　開 8201.55　高 8201.55　低 8184.68　收 8184.68 s 點　量 66.73 億　-17.82 (-0.22%)

當天日K線

✝

開盤15分鐘

9月25日，下跌16點。
開盤八法評估：略失準。

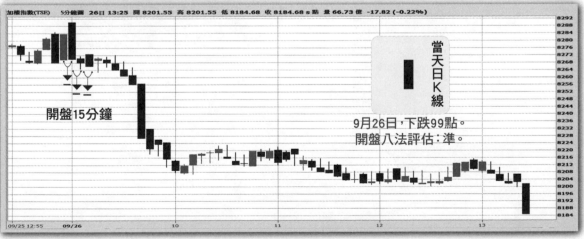

加權指數(TSE)　5分鐘圖　26日 13:25　開 8201.55　高 8201.55　低 8184.68　收 8184.68 s 點　量 66.73 億　-17.82 (-0.22%)

當天日K線

開盤15分鐘

9月26日，下跌99點。
開盤八法評估：準。

（圖片來源：XQ全球贏家）

進階密技

方天龍秘笈

方天龍秘笈①　　　定價：399元
你的選股夠犀利嗎？

方天龍秘笈②　　　定價：399元
你的股票買賣時機精準嗎？

方天龍秘笈③　　　定價：399元
你抓得住漲停板嗎？

方天龍秘笈④　　　定價：399元
股票＋權證必殺技

方天龍秘笈⑤　　　定價：399元
7個避險策略，決定你98%的暴富成功率

3

選股
一出手就中的

一檔好股票，
不一定是好企業，
而是能執行你獲利策略的正確工具。

選股基本原則 1
避開財務已經被點名的個股

相信每個人都怕買到財務體質不佳的個股吧！

政府為了讓投資人即時掌握企業的財務狀況，有所謂的「財務重點資訊揭露專區」（有人私底下又稱「地雷專區」）投資人可以隨時查看股市觀測站（http://newmops.tse.com.tw）。蒐尋路徑是：股市觀測站→投資專區→財務重點專區→上市公司／上櫃公司→變更交易方法者。

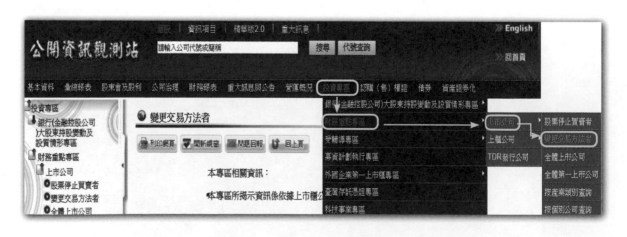

在「財務重點專區」中，列有九項指標，主管機關已用「紅色標記」加以警示，雖然公司的營運績效與財務風險不一定有絕對必然的關係(被交易所列為警示股的有很多還是大飆股……)，可是很值得投資人留意，若你屬於不願承擔高風險的投資族群，最好避開已經被用紅色註記的個股。

紅色標記警示意義：

指標1：變更交易方法或處以停止買賣者（有關交易方法變更之實施日期以本公司公告日為準）。

指標2：最近期財務報告每股淨值低於 10 元且最近連續三個會計年度虧損者。

指標3：最近期財務報告每股淨值低於 10 元且負債比率高於 60 ％及流動比率小於 1.00 者（金融保險業除外）。

指標4：最近期財務報告每股淨值低於 10 元且最近兩個會計年度及最近期之營業活動淨現金流量均為負數者 。

指標5：最近月份全體董事監察人及持股10%以上大股東總持股數設質比率達 9 成以上者 。

指標6：最近月份資金貸與他人餘額占最近期財務報告淨值比率達 30 ％以上者（金融保險業除外）。

指標7：最近月份背書保證餘額占最近期財務報告淨值比率達 150 ％以上者（金融保險業除外）。

指標8：董事、監察人連續3個月持股成數不足者 。

指標9：其他經臺灣證券交易所綜合考量應公布者 。

附表是2013年9月27日從股市觀測站擷取的範例資料。投資人只要留意「紅字」的部份，想要進一步了解為何會被證交所列為「紅字」，直接點點選紅字部份就會連結到原始資料，對投資人選股是相當便利的。

表3-1 財務重點專區範例(2013.09.27)

產業類別	證券代號	公司名稱	每股淨值(元)	指標1 現行股票交易方式	指標2 最近三年度稅後損益(仟元)			指標3 財務結構		指標4 最近二年度及最近期營業活動淨現金流量(仟元)			指標5 董監及大股東設質比率(%)	指標6 資金貸與餘額占淨值比率(%)	指標7 背書保證餘額占淨值比率(%)	指標8 董事、監察人連續3個月持股成數不足者	指標9 其他
					99	100	101	負債比率(%)	流動比率	100	101	102Q2					
建材營造	1438	裕豐	102Q2 5.09	變更交易	571.001	41.382	12.649	13.00	59.00	-150.959	-8.461	1.112	0.00	0.00	0.00	無	無
紡織纖維	1449	佳和實業	102Q2 0.41	變更交易	-280.626	-196.340	-327.994	90.53	1.55	-174.029	-66.600	-81.720	5.76	0.00	70.26	無	無
紡織纖維	1456	怡華	102Q2 0.30	變更交易	-163.669	-227.683	-251.906	95.72	0.77	-30.663	-18.988	-377.696	98.49	0.00	0.00	無	有詳細資料
紡織纖維	1475	本盟光電	102Q2 7.44	變更交易	-102.954	-126.782	-82.595	63.15	0.91	4.493	10.174	-18.918	0.00	25.09	7.66	有詳細資料(一)	有詳細資料(二)

選股基本原則 2
注意財務資料公布的時間

　　股票投資如果說是一場資訊戰也不為過，不管是那一項投資指標，總是隨著相關新資料的推陳出新而每天變化。特別是在財報公布以及業績預估修正的影響下將發生變化。

　　為了避免買到不好的企業，隨時掌握最新資料的努力是不可缺少的。

　　年報是每位投資一定要留意的資訊，但是年報一年只公布一次(次年的4月30日之前)，投資人不可能等到年報公布之後再慢悠悠的進場，一般投資人會先留意月營收，因為它每月公布一次，不過，企業公布月營收資料並不需要公布當月的獲利情況(當然也不需要會計師的查核)，所以，有可能營收表現很好，但季報公布結果卻沒有獲利甚至是賠錢。

　　為了避開光從營業收入推斷業績而產生誤判的情況，有些投資人只要是公布財報前的敏感時刻都一律先出清股票，免得被營收的虛胖給害到。也有些短線投資人甚至連月營收公布前也不買股票的。

以下列出月、季、半年、年報公布的最後期限。企業只要在期限之前公布相關資料就可以，因此，每家企業公布的時間都不一樣。通常，財報撐到最後一天才「面世」的個股當期表現都不怎麼好，但這不是定則，僅供投資人參考！

表3-2 財報及營收報告的公布時間與期限

	提供	1月	2月	3月	4月	5月	6月	7月	8月	9月	10月	11月	12月
月營收	營收	每月10日之前公布前一個月											
季報	營收＋獲利				第一季				第二季		第三季		
					4/30				8/31		10/31		
					★				★		★		
半年報	營收＋獲利＋合併報表								8/31				
年報	完整財務資料				4/30								

選股基本原則 3
注意資料新鮮度

　　股價漲跌受財報數字影響最為直接，首先要把握最新的資料。這也就是為什麼當最新財報出爐時，股價波動特別大的原因。以影響本益比（計算公式：股價／盈餘）的兩個要素為例，股價變動顯而易見，變數最大的是預估盈餘。

　　例如，甲企業在2013年1月31日的股票收盤價是18.27元。用這個股價和2013年3月期的預估每股盈餘（0.71元）來計算本益比的話是25.6倍，以預估現金股利（一年0.14元）來計算，現金殖利率為0.77％。

　　但是在2013年1月31日的傍晚，企業公布了預估每股盈餘向上調整為0.80元，現金股利預估也向上調整為0.16元。

　　同樣的股價，經過業績預估的向上調整，計算本益比時就從25倍變成了22倍，現金殖利率由0.77％上升到了0.88％。

　　從指標來看，股票變便宜股，第二天開盤股價很大的機會會出現上漲；相同的，如果業績向下調整，本益比一夕變貴了，隔天就有很高的機率向下跌。

表3-3 股價受財務數字影響的範例

時間	1月31日	1月31日傍晚	2月1日
收盤價	18.27		有機會漲！
預估每股盈餘	0.71	0.8	
預估現金股利	0.14	0.16	
投資指標			
本益比	25.6倍	22.8倍	
現金殖利率(%)	0.77%	0.88%	

調高了業績預估值，本益比頓時降下來，
對投資人來說，有「股票變便宜了」的感覺，
是股價上漲的利多訊息。

不只是突然業績預估調整，定期進行的財報公布也會使各種投資指標變化。

以大狗企業為例，2013年1月10日和同月的12日的股價收盤價都是129元，但是本益比這項投資指標卻有很大的差異。理由是2013年1月12日大狗企業公布了2012年11月期的財報最新資料，同時還公布了2013年11月期的業績預估。

大狗企業2013年1月10日的本益比以2012年11月的預估每股盈餘為基準（6.9元）計算，本益比＝129元÷6.95元＝18.6倍。現金殖利率也以2012年11月的年度預估金額（1.3元）為基準，計算得出1.3元÷129元＝1.01％。

隨著2012年11月期的實際業績值公布＋2013年11月期的預估值公布，本益比和現金殖利率的計算基礎就變為2013年11月期的預估每股盈餘（9.4元）和預估股利（1.6元）。所以本益比就下降到13.7倍，現金殖利率也上升到1.24％。

股價淨值比PBR（計算公式：股價／每股淨值）也是變化著的。財報公布前股價除以2011年11月期末的每股淨值（24.0元）得出5.37倍，但是在2012年11月期財報公布後，就採用2012年11月期末的每股淨值（40.4元）來計算。這樣PBR就會急劇下降。本益比和PBR降低，現金股利率上升，大狗企業頓時成為是低價股。財

務報表的公布將使PER、PBR，以及現金殖利率的數值煥然一新，且各種財務指標包括：ROE、ROA與營益率都變佳。說明經營的效率變好→股東權益比率上升→財務安定度增加，對股價都是利多。

表3-4 股價指標隨業績公布而變動範例(大狗企業)

	2011年11月 (實績)	2012年11月 (預估)	2012年11月 (實績)	2013年11月 (預估)
營業收入(百萬)	17.6	25.4	24.7	51.5
營業利益(百萬)	2.9	5.0	5.3	6.7
淨利(百萬)	1.6	2.6	2.7	3.5
每股盈餘(元)	4.7	6.9	7.4	9.4
每股淨資產(元)	24.0	—	40.4	—
每股股利(元)	0.45	1.3	1.4	1.6

業績的實績和預估在2013.1.12公布

新業績公布 投資指標變化

	2013年1月10日		2013年1月12日
股價	129元	→	129元
本益比	18.7倍 (股價÷2012年11月預估EPS)	→	13.7倍 (股價÷2013年11月預估EPS)
現金 殖利率	1.01% (2012年11月預估股利÷股價)	→	1.24% (2013年11月預估股利÷股價)
PBR	5.37倍 (股價÷2011年11月期末每股淨資產)	→	3.19倍 (股價÷2012年11月期末每股淨資產)

雖然股價相同但算出的指標不同，故要注意業績公布。

新業績公布 財務指標變化

	營益率
2011年11月(實績)	16.8%
2012年11月(實績)	21.5%

選股基本原則 4
不要捲入泡沫

聽過「泡沫經濟」這個詞吧！這個詞最早源自於日本。

20世紀80年代後期，日經平均上漲到了接近4萬日元。不動產、高爾夫會員權、藝術品、物價都飆升。股價本益比達到了50倍(2013年8月日本股市平均本益比只有22.6倍)！由此可以想像，當時日本股票是處在多麼不合理的昂貴。

為什麼當年日本股價會如此的浮誇呢？

當時不只是日本，包括歐美、國內對新經濟－－網路時代的崛起都有過度樂觀的期待。整個社會充斥著「買股票就會賺」的錯覺，尤其是網路相關企業更因為投資資金蜂擁而至，使得本益比更飆到上百倍之譜。嚴重脫離了實績的泡沫市場最終破裂了。接下來是恐怖的瘋狂跌價，在那段時間對市場過度樂觀的投資人不少都損失慘重。

就好像網路經濟當熱時，有人會花錢去投資100年後才會回本的企業(本益比100)還大呼超值！泡沫中，很多人被短時間能夠簡單使錢增值的現象迷惑，「別

人都在賺錢，我不能無動於衷」顯得非常焦急。

　　不管投資時間長短(極短線除外)選股前最好先從業績與本益比，冷靜分析股價是否合理（詳見「股票超入門3－基本分析」一書），再從股價圖中掌握進出時機，唯有抓住了投資的本質，才不會捲入泡沫。

圖3-1　股價泡沫化的範例（日本‧SOFTBANK股價圖1994~2013/09 ）

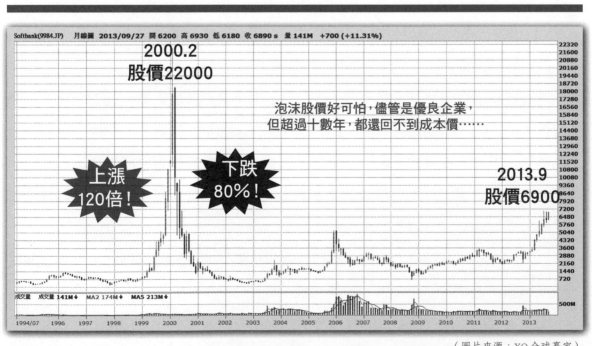

（圖片來源：XQ全球贏家）

選股基本原則5
意外的題材，才是漲跌的導火線！

　　影響股價變化的消息稱為「題材」，例如，新產品告捷而使得原本預期的業績預測向上修正、權威分析機構提高個股投資評等…都是股價題材。

　　能讓股價上漲的叫好題材，讓股價下跌的叫壞題材。

　　好題材當然會讓股價上揚，但什麼時候上揚？又高價股與低價股對題材的反應也有很大的不同，基期偏低的個股對於「好題材」通常反應會比較明顯，但基期偏高的個股，對於「好題材」就不一定必然反應，甚至有時好題材出現後，若「好」的程度不如市場預期，反而還會下跌。因此，投資人若從媒體上看到好題材就不由分說的搶進的話，常會因此被套在最高點！

　　以最明顯的「好題材」為例，業績營收成長是眾所皆知的好題材，尤其受關注的是業績預測大幅度修正。以半導體個股禾瑞亞(3556)為例，2012年的年底，傳出禾瑞亞獲得英特爾投資參與認購私募無擔保可轉換公司債，未來雙方可望共同開發新世代觸控產品與技術，成長動能充滿想像題材，加上從2013年元月份開始，

營收相當亮眼，股價翻紅回應。由於過去半年多來，禾瑞亞的股價處在一個下坡的路段，股價基期相對低，像這樣的「好題材」，有業績面消息面雙雙報喜，個股就很容易對好題材做出相對的反應。因此，從2013年初到6月，股價整個很不可思議的翻了3倍。

表3-5 禾瑞亞(3556）營收資料

每 月 營 收 變 化					單位: 仟元
2012 年 度			2013年 度		
月	營 收	年增率	月	營 收	年增率
1	47,364	-37.59%	1	104,596	120.83%
2	44,911	-50.87%	2	84,683	88.56%
3	52,494	-57.68%	3	130,373	148.36%
4	44,022	-67.85%	4	117,145	166.11%
5	55,545	-51.41%	5	133,548	140.43%
6	50,239	-46.24%	6	135,198	169.11%
7	65,947	-30.94%	7	162,843	146.93%
8	54,950	-57.03%	8	205,566	187.61%
9	56,604	-45.07%			
10	71,052	-3.02%			
11	58,453	-23.71%			
12	55,836	0.38%			

圖3-2 禾瑞亞(3556）週線圖

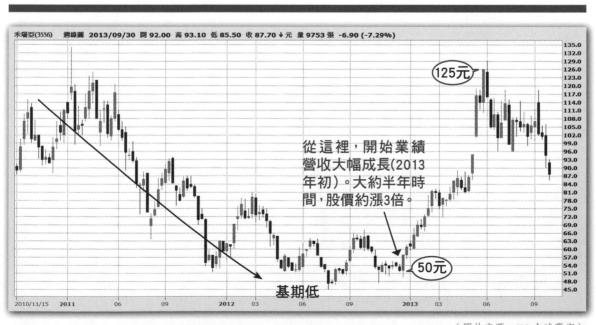

（圖片來源：XQ全球贏家）

另外一個例子是壞材題影響股價的範例。手機通路股聯強(2347)成長的動能主要來自中國市場,但2013年初起,中國市場景氣不明,且聯強最大的智慧型手機客戶Nokia市佔率下滑,因此營收成長停滯甚至衰退。從技術面來看,聯強的週線處在一個股價高基期位置,種種不利的因素,讓股價不到三個月就跌了近50%。

表3-6 聯強(2347)營收資料

每 月 營 收 變 化					單位: 仟元
2012 年 度			2013年 度		
月	營 收	年增率	月	營 收	年增率
1	4,997,073	-12.84%	1	27,285,333	33.56%
2	4,896,984	24.04%	2	19,310,528	-25.18%
3	4,867,164	-11.08%	3	27,234,938	2.58%
4	5,409,025	12.64%	4	26,489,180	10.78%
5	5,771,373	32.98%	5	26,336,348	9.51%
6	5,646,377	18.56%	6	25,938,213	-1.57%
7	5,565,809	16.45%	7	27,721,798	5.45%
8	5,856,311	12.63%	8	27,015,625	-1.69%
9	5,035,498	5.73%	9		
10	5,856,098	30.42%	10		
11	5,639,859	5.12%	11		
12	4,851,107	-3.49%	12		

圖3-3 聯強(2347)週線圖

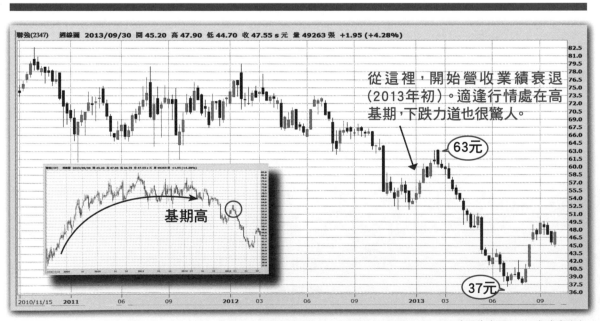

(圖片來源:XQ全球贏家)

選股基本原則 6
意料內的題材，不管好、壞都沒用！

好題材就一定使得股價上漲？壞題材就一定使股價下跌嗎？

不一定！

若題材已經引不起市場上有「ｗｏｗ！」的吃驚感時，行情對已知的好題材或壞題材可能都會「無感」，這也就是市場上常說的「利多出盡」或「利空出盡」，此時，市場不但可能不再反應既有的利多（或利空）有可能還會逆勢調整（或反彈）。

本文舉光學元件廠大立光的股價為例。大立光是手機相機鏡頭「零和遊戲」中勝出的供應商，股價2005年大漲了4倍以上，2006年雖然持續高成長率，但股價不但沒上漲反而下跌。

為什麼呢？

因為大立光的股價當時已經高達6、700元了，本益比也已經高達70幾倍。相較於其他同類型公司的本益比只有12倍，顯然投資人對它的期待已經反應過了。

也就是投資人對業績好、價格低、值得買進的反映「已經被實現」，所以，即使出現好題材，股價也不易有反應。

相反的，這種股價衝得很高很快的公司，只要稍微出現一些些壞題材就容易下跌。例如，2005年第四季，市場預估大立光毛利應該到達60％水準，但該季季報出爐毛利只有59.88％，當天股價就直搗到跌停價。

總之，本益本高的個股，投資人對它期待越大，就愈無法忍受壞消息。相反的，如果對某公司早有「業績惡化」的擔心且已經反映在股價上了，等到真正不好的題材出現，股價也可能沒有反應。

請記住，震驚新聞有時也無法改變股價。尤其是那些高本益比公司，即使出現好題材，也不容易令股價有大波動。所以題材是否令投資者感到意外才是關鍵！

總之，再好的材料，只要在「預料的範圍內」就沒什麼用！

圖3-4　大立光(3008）週線圖

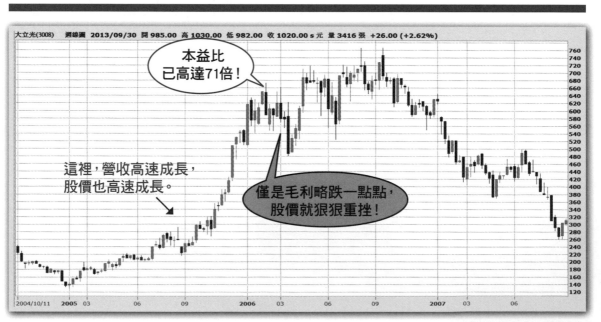

（圖片來源：XQ全球贏家）

CHAPTER 4

長線
誰偏離就買誰

布局長期投資，
新股就別考慮了，
把歷史股價圖拿來對一對，
股價與基本面指標偏離太遠的，
買了就對了。

長線選股原則 1
沒有人氣才有機會！

　　對長期投資者而言，選擇股票的基本原則是：能在投資人還沒有看上該檔股票之前就先介入。

　　因此，要訓練自己有能力在股價還沒有上漲之前辨識出「這是潛力股」。因為等到所有投資人都注意到這是好企業，股價已經很高了。

　　有人氣的股票，最具有代表性的特色就是股本大的公司，另外，新興市場的股票因為具有熱門話題成交量大、炒作氣氛濃，也是人氣股票。

　　這類的人氣股票受關注的程度很高，尤其是分析師們最愛訪問這類公司的負責人，並且從各種角度對該產業的動向與企業的未來做深入的報導，所以就資訊上，人氣公司也是資訊豐富的公司，上網打關鍵字就會蒐出一長串資訊。

　　從透明度來看，人氣公司資訊豐富題材豐富，投資人可以利用這些資訊深入研究，預先抓住公司的變化再行動，常常也能捕捉到上漲行情。不過，更值得長期投資人注意的並不屬於上述的話題公司，而應該是非人氣公司。

非人氣的上市公司投資者的關注度很少，交易量也低，股價變化長時間停滯，也就是說，它們是被投資者忽視的股票。

這些非人氣股票中，有很多是「穩定獲利或有資產，股價又便宜」的股票。若能尋找到這種股票，也可以納入年度投資計畫中的「便宜股」。

上櫃和興櫃股票有一些股本小非熱門的股票，分析師和法人投資者關注很少，有時就被當作非人氣股票放置在那裏。

投資人若能從基本面判斷公司產業能見度高、業績也好但因為人氣不旺，股價上漲速度十分緩慢，這種股反而是長期布局者的好標的。這類股票因為人氣低，所以尚無法帶動股價。

人氣股票和非人氣股票相比，對悠閒的長線投資者來說，非人氣股票才能賺錢。

雖然人氣股票很吸引人，但是，如果只是從媒體上得知「因為業績很好而買下它」那麼，很有可能當你買下後，股價就嘩啦嘩啦的往下跌了。

相信很多投資者都有類似的經驗，「好像股價專門跟我做對一樣！」其實，這就是買人氣股的特色：當人氣匯聚之後股價上漲，大家都滿懷希望，於是股價也就愈漲愈高，不多久價格就脫離現實太遠了！！當企業業績迎向高峰之際，股價已經從高峰跌下來了。因此最初沒人氣的股票上漲後將成為人氣股票，此時反而要注意股價是否超出實績太遠。

附圖是2013年台股的風雲股儒鴻(1476）的月線圖。從附圖可以看出，儒鴻從2010年下半年股價25元起漲，到2013年9月約260元，價格上漲了10倍。

儒鴻的所屬產業是紡織纖維，在電子業主導台股行情的年代，紡纖股有數年的時間乏人問津，儘管業績仍維持一定的水準，但成交量很少，人氣退散，市場給紡纖股的本益比很低，以儒鴻為例，股價在2009年到2012年中，本益比在10倍左右，但2012年中下旬，股價就開始朝脫離10倍本益比水準，短短的一年多的時間，股價一路挺進本益比25倍的水準。

圖4-1 儒鴻(1476)月線圖（2001/04～2013/09）

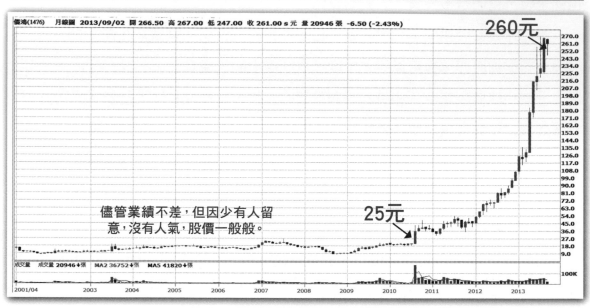

（圖片來源：XQ全球贏家）

圖4-2 儒鴻(1476)股價與本益比對照圖（2008/01～2013/09）

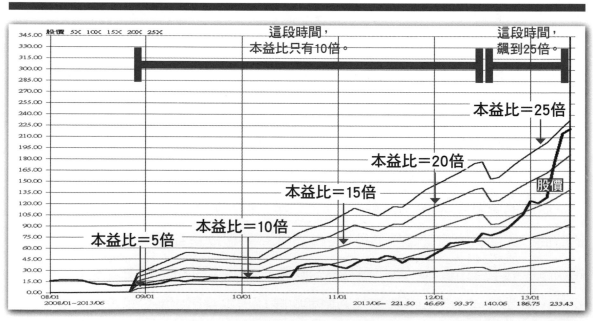

（圖片來源：XQ全球贏家）

長線布局股票,總要找到「未來」真的有發展的個股,所以,不能光聽媒體吹捧,還需要有實際業績表現支撐。而且「卡位」要趁早,不能等到股價已經上漲再去追高。另外,能「逮」得到這種長線爆發股,對其相關產業與獲利能力也要有一定程度的掌握能力,以儒鴻的例子,一般投資人只知股價在狂飆,但從財報來看,不管從毛利率、營益率、EPS和淨值,儒鴻都是年年有好表現的。

圖4-3　儒鴻(1476)的財報資料(2008~2012)

年度營運分析(二)						
合併財報						
(%,元)	毛利率	營益率	每股營收	每股稅前盈餘	每股稅後盈餘	每股淨值
2012	毛利率逐年提升 27.82%	營益率逐年提升 16.46%	55.14	9.51	EPS逐年提升 7.75	淨值逐年提升 27.01
2011	25.18%	13.59%	50.41	6.90	5.60	21.11
2010	23.80%	11.12%	42.86	4.64	3.83	18.25
2009	24.82%	10.84%	32.01	3.12	1.95	15.77
2008	18.84%	5.42%	35.37	1.48	1.02	14.81

(圖片來源:XQ全球贏家)

尋找到好股票,也要趁人氣尚未匯集前就買進,這是長線布局的要領。

表4-1 長線投資人得尋找沒人氣的好股票是賺大錢的金雞母

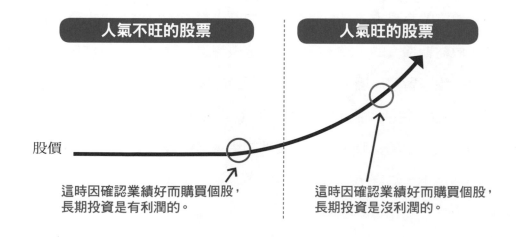

長線選股原則2
股價與營收、淨值、獲利相比！

　　附圖是台積電(2330）的月線圖，對許多喜歡追逐「小型飆股」的投資人而言，回顧2006年到2013年9月台積電的股價，感嘆「早知道就買」的人應該很多。

　　就算你曾經買了台積電，但能一抱數年的人應該也不多－－因為大多數投資者在買進股票時，大都已經構想好了目標賣出價格，例如設定「比買進價格上漲10％」之類的標準。

　　如果你所決定的交易方式是短線交易，先確定賣出的目標價是投資方式之一，但是對於進入收益期擴大的企業，行情往往會漲超過自己設定的目標值很多。對長線投資人而言，除了留意所屬產業的前景與個股的獲利之外，可以利用以下的三個指標進行價值評估，包括：股價淨值比、股價營收比與本益比。簡單來說，就是「目前的股價，跟企業的營收、淨值、獲利相比，價格是貴？還是便宜？」這三種選股方式並不適合中、短線，但對長期投資者來說，掌握住行情與指標「偏離得很嚴重」的地方下手，是相當合理的。

圖4-4　台積電(2330)月線圖（2006/01～2013/09）

（圖片來源：XQ全球贏家）

圖4-5　台積電(2330)股價與股價淨值比對照圖（2005/07～2013/09）

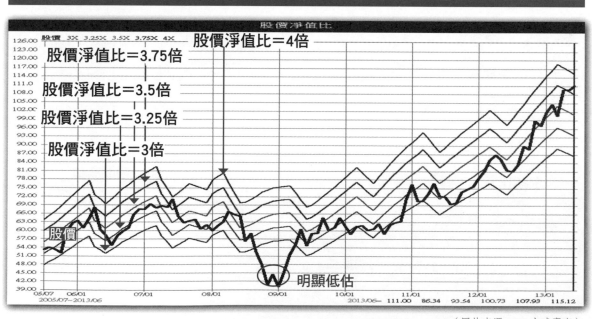

（圖片來源：XQ全球贏家）

圖4-6　台積電(2330)股價與股價營收比對照圖（2005/07～2013/09）

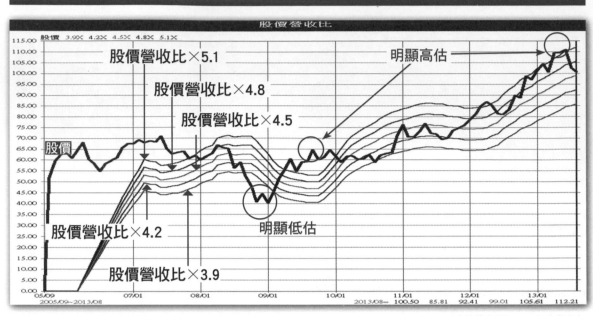

（圖片來源：XQ全球贏家）

圖4-7　台積電(2330)股價與本益比對照圖（2005/07～2013/09）

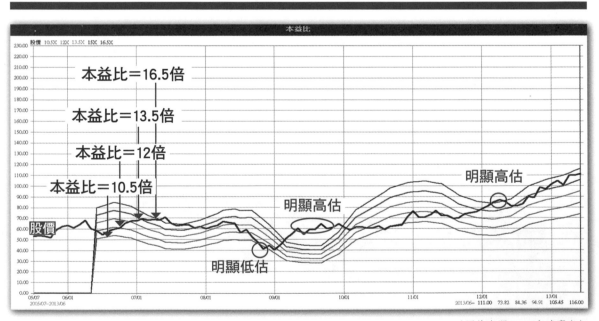

（圖片來源：XQ全球贏家）

長線選股原則 3
成為話題時，股價已到頂點！

　　一般人認為買股就是要掌握住「主流」，對短線交易者的確如此，但對長期投資者來說，選擇話題股無異自投羅網，因為股價在媒體的推波助瀾下，上漲後肯定會下跌。總能在媒體曝光的話題產業與明星企業，用一種比較極端的方法說，這是短線交易者該關注的事。因為短線交易者只要早一點抓住資訊，在低價處買進並早一點在話題結束前賣掉就能獲得利潤。對長期投資者而言，選擇經營手法穩健，但股價也有能量的公司相對來講是比較合適的。2006年上半年，國內財經媒體幾乎都用大幅的版面報導國內的太陽能產業如茂迪等能源概念股，其股價飆漲的情形叫投資人看得很心動。不過投資散戶所能接觸到的資訊總是經過專家消化後的二手、三手資訊。如果投資人以100萬，在茂迪股價最風光、媒體報導最多的時間點進場，數年下來長線連個像樣的反彈也沒有。反之當時若以100萬選擇台積電這種老品牌，趁著股價回檔賺取中間一段段行情，逐步的一點一點獲利，情況則大不同。

　　總之，活躍的話題股對長期投資者很危險。

圖4-8　台積電(2330)月線圖（2006/01～2013/09）

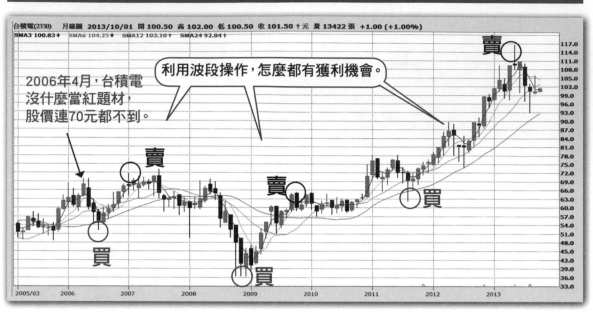

（圖片來源：XQ全球贏家）

圖4-9　茂迪(6244)月線圖（2006/01～2013/09）

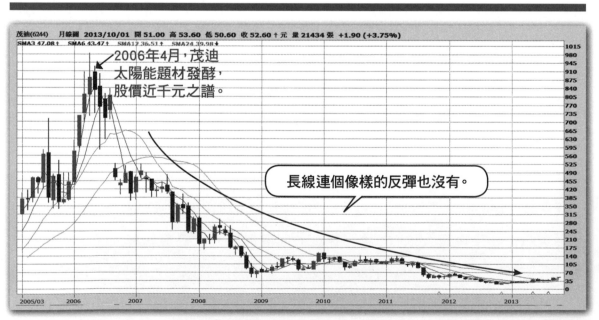

（圖片來源：XQ全球贏家）

5

短線
人氣決定一切

賺短差學問在人氣：

人氣聚，價格就被拱高；

人氣散，價格就掉下來。

多數人不計價格下殺，價格就暴落；

多數人不計價格搶股票，價格就暴漲。

認識短線 1
短線操作的四點優勢

短線交易和一般交易不同，它有以下的特點：

一、下跌趨勢仍有賺錢機會

短線交易最大的優勢在於，無論行情處於何種狀態都有賺錢的機會。即使像2008年全球股市跌得那麼厲害，就算找對好股票進行長期投資也很難賺錢。但仔細看雖然股價在反復上下波動。從短時期的觀點來看，即使整體是向下的但有時候股價也有上漲。

而短線交易的股票投資方法，就是要抓住這種一波一波的上升局勢。讓投資無論處於什麼樣的趨勢，也有機會一點一點積累利潤。

二、資金效率的優勢

資金效率也是不可忽視的問題。

買股票如果所選的標的物有機會順利上漲，倒沒有什麼問題，可是一般的股票都處於盤整狀態。如果進行長期投資，盤整狀態中資金就像自己拿了把鑰匙把它牢

牢鎖住一樣，這就是問題所在。一般說來，個人投資者能夠用於股票投資的資金有限。當其他股票的股價上漲，可以暫時把盤整狀態中購買股票的資金挪到形勢較好的股票，這樣就可以提高投資效率。

三、複製經驗的優勢

從另一面來說，短線交易也有利於投資經驗的積累。

對於股票投資人而言，儘管投資期間長短不同，但應該掌握的知識大體相同。通過短線交易能夠快速積累較多經驗，對於理財計畫較具積極性。

四、控制風險的優勢

短線交易的風險可以限定在一定程度內，這是它的長處所在。

但因為短線交易的進出時點不完全根據公司的獲利、營運成果等基本面，很容易給人「賭博」的感覺，但換個角度來看，在瞬息萬變的產業與企業環境裡，對於個人投資者而言，長期投資也有不容易掌握住趨勢的缺點。

圖5-1　下跌趨勢仍有機會獲利範例：加權指數日線圖（2007/08～2009/02）

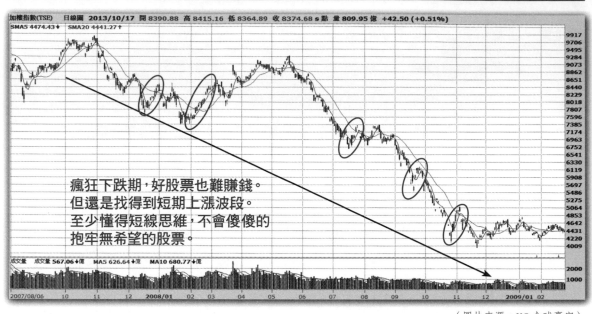

瘋狂下跌期，好股票也難賺錢。
但還是找得到短期上漲波段。
至少懂得短線思維，不會傻傻的
抱牢無希望的股票。

（圖片來源：XQ全球贏家）

圖5-2　資金運用效率化範例：台積電(2330）日線圖（2012/04～2013/10）

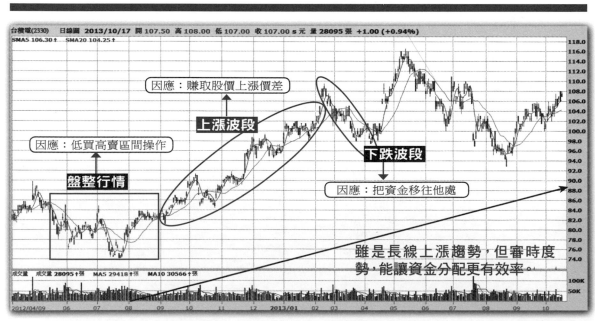

因應：賺取股價上漲價差

上漲波段

因應：低買高賣區間操作

盤整行情

下跌波段

因應：把資金移往他處

雖是長線上漲趨勢，但審時度
勢，能讓資金分配更有效率。

（圖片來源：XQ全球贏家）

認識短線 2
做短線＝跟隨人氣

　　股價短期的變動無法像長期投資一樣，可以採用分析財報的方法衡量，它需要的是很多無法說出口的「經驗」。

　　一旦價格出現變動，投資人就會找理由說明它的原因，並企圖找出規律。例如，當市場上有「感覺世界經濟即將回暖」「某某評等機構認為國內將進入多頭市場」「某家公司調高財測」……等人們就以這些利多消息為依據，從而產生了「多頭走勢」；相對的，悲觀的新聞如「美日股票出現跌勢」、「政治不安」、「某公司財報不如預期」……之類的悲觀氣氛就產生「空頭走勢」。

　　因此我們可以說，短期股價的走向是根據股市裡的「人氣」——人氣帶著資金，透過股市各種題材的發酵從而產生或多頭或空頭的走勢。

　　當對短期市場題材的解讀屬於「有志一同」的時候，股市很容易產生強勢行情(大漲或大跌）;如果對於市場上諸多的題材有岐異或觀望時，行情就會在多空不明、多空交戰的情況下出現像「發呆」的弱勢行情。

股市是一個會放大效果的地方，如果以溫度來衡量的話，題材只有50度的熱度，但被市場正向旋風式的加溫下，行情熱的速度很快就變100度了，也就是經過股市把「本來」的熱度給誇大了。

　　相反的，反向旋風也以同樣的方式產生。也許市場實際的負面消息只該冷卻50度，但供需惡化使得原本的負面消息可能冷到下降100度。

　　換言之，人氣走向具有短期左右股價的能力。而短線交易者真正應該抓住的就是這種人氣力量。

　　短暫性的題材對於個股長期價值的影響可能微乎其微，但從事短線交易者，就得掌握這種微妙的人氣變動。相對於長期投資者期待企業未來發展，短線交易者只能跟隨人氣。

表5-1　人氣走向，這樣產生

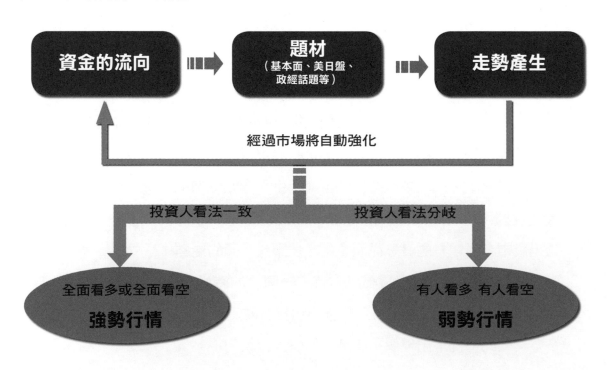

順勢交易還是比較安全的

短線交易最重要的是要順勢而動，研判多項利多消息的綜效將把股價推升到什麼地步從而買進股票，這就是「順勢交易」。若很執著認為「人氣是錯的」而逆市交易，除非你有更好的因應策略，否則就很容易受傷。

影響短線交易的題材有那些呢？

如果硬要歸納出公式，那麼我們可以這樣說：公司的季報、新戰略、新產品等都是參考材料，有了這些題材，使得投資人預期「供需會變化」的理由開始行動，於是進一步增加人氣從而產生熱潮。

短線交易時時得面對不確定性，即使有說服力的資訊很充分，但並不代表能根據它做出某種判斷，畢竟，人的思維是最難掌握的。

表5-2 洞察「人氣走向」，短線交易要順勢而為

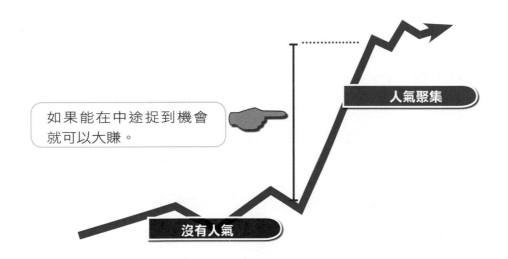

如果能在中途捉到機會就可以大賺。

人氣聚集

沒有人氣

掌握人氣就掌握短線交易獲利的機會。
研判何時人氣聚集、何時潰散，何種題材會引起什麼反應，反應多久…需要經驗與靈感。

認識短線 3
當沖、隔日沖、3天～數週三種模式

　　短線交易因為保留股票的時間短，即使遇到企業忽然業績傳出惡化或不可預期的國際負面事件，短線交易相對來講風險較小。短線交易可分成下列的三種模式

　　一、當沖交易。

　　這種交易模式可以看作是「衝浪交易」極端的方式。交易基本原則是順著行情的走勢操作——預測上漲買進；預測下跌賣出。一買一賣在同一天發生。

　　二、隔日沖交易。

　　「過夜交易」的股票保留時間為兩個白天一個晚上，處於上述兩種交易的中間位置。通過「過夜交易」獲得比「當天交易」更高的股價幅度。

　　隔日沖戰略有兩種形式:

　　第一種，上漲很厲害時買進並保留，第二天以較高價格賣出，這是順向型。

　　第二種，行情已經跌深預測第二天即將反彈從而買進保留。這是「逆向」型。

　　過了一個晚上再決定交易方向比起「當沖交易」風險可能會更高，但如果順

利，就能夠捕捉到更大幅度的價差。

表5-3　隔日沖操作思維之一－－順向型

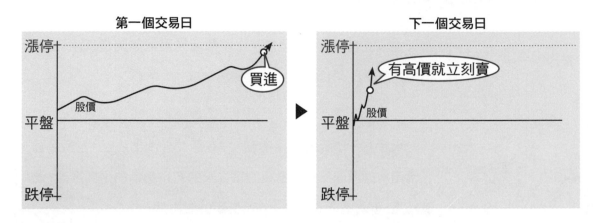

表5-4　隔日沖操作思維之二－－逆向型

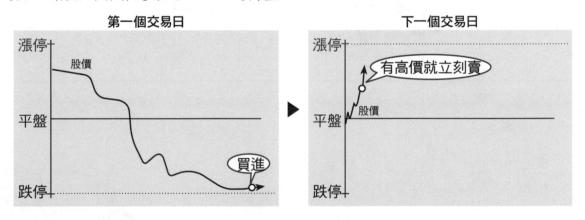

三、3天～數週

「3天～數週」是指3天到幾周內的交易。作戰方式就是兩種交易模式:第一種是「衝浪交易」:發現股價高於短期移動平均線的個股，在這種走勢仍持續之前持續保留。第二種就是發現BOX行情，持續低買高賣的反復操作。

對於短線交易者而言，採用隔日沖或週內交易，都是研判行情從下跌轉換到上漲的個股，或是進入上漲行情沒多久的個股，這種方式也就是「順勢交易」——順著行情「隨波而上」。

表5-5 短線交易的三種類型

類型	期間	特徵
當沖	一天	當天完成交易。即使收盤當晚出現像恐怖襲擊等突發事件，由於已經完成交易，所以風險也相對較小。
隔日沖	一個晚上兩個白天	前一天預測第二天的價格變動，並在第二天做出決定。包括順著行情走勢的順向操作以及預測第二天的行情反轉的逆向操作。風險稍高，但能捕捉到比當天交易更高的股價差。
週內	3天～幾週內	辨認k線圖型與移動平均線等走勢線，進行 「衝浪交易」，以及持平狀態下的「BOX交易」等，能夠捕捉到一定程度的股價差。

高效能玩短線 1
現在是善用科技軟體的時代

在網路還沒開始之前，投資人為了即時看盤並執行交易得花很多時間在證券公司的營業大廳，但現在的投資人只要善用網路與資訊，即使是上班族還是家務煩忙的主婦，都可以是股票超級投資家。

利用網路看盤、交易，有多便利呢？

網路不只在資金與下單的便利性方面具備優點，在資訊取得的方面更是過去無法想像的。尤其善用專業的看盤軟體，一般投資人跟法人之間幾乎不存在「資訊差」問題，當然，資料的取用是方便了，但如何判讀資料、運用資料如何配合自己的交易需求與策略，那就有待讀者花功夫進入了。

本文謹列舉幾項篩選器功能做為範例，一般的看盤軟體大都能進行盤後個股多條件篩選，專業的看盤軟體依情況也能做盤中即時性的篩選，一般是提供給進行短線與極短線的投資人使用。

圖5-3　盤後篩選個股範例一：設定短線熱門股篩選條件

短線交易－設定短線熱門股篩選條件

主力買超股
- □ 券商合計，最近 [2▼] 日，累計買超張數前 20 名的個股。

自營商買超股
- □ 自營商合計，最近 [2▼] 日，累計買超張數前 20 名的個股。

外資買超股
- □ 外資合計，最近 [2▼] 日，累計買超張數前 20 名的個股。

法人買超股
- □ 外資+自營商合計，最近 [2▼] 日，累計買超張數前 20 名的個股。

集保庫存大幅減少股
- □ 集保庫存張數上週減少幅度最大的前 20 檔個股。

股價創新高者
- □ 最近一個交易日股價創 [半年來新高▼] 的個股。

最近股價走勢強勁的個股
- □ 在過去 [2▼] 天中，在全體股票中，股價漲幅居前 20 名的個股。

成交量大幅增加的個股
- □ 最近 [2▼] 個交易日均量比六日均量增加幅度的前 20 名個股。

融資銳減的個股
- □ 最近 [2▼] 個交易日，融資餘額減少增加幅度的前 20 名個股。

融券大增的個股
- □ 最近 [2▼] 個交易日，融券餘額合計增加幅度的前 20 名個股。

[開始搜尋]　[重新輸入]

篩選方式可以單一條件或多條件篩選，也可以自行修改參數。

（圖片來源：XQ全球贏家）

圖5-4　盤後篩選個股範例二：設定超短線熱門股篩選條件

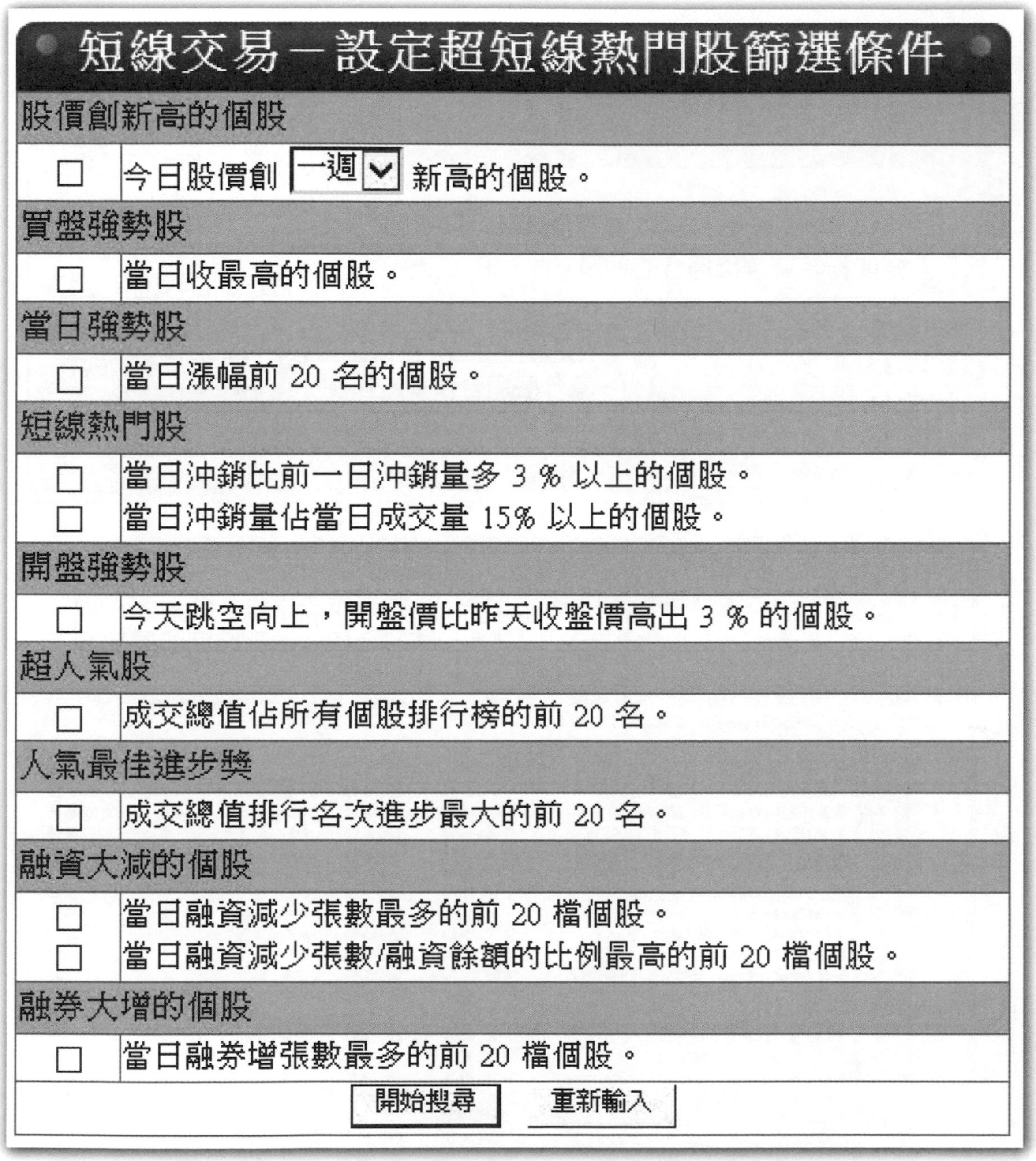

短線交易－設定超短線熱門股篩選條件

股價創新高的個股

☐ 今日股價創 `一週 ▾` 新高的個股。

買盤強勢股

☐ 當日收最高的個股。

當日強勢股

☐ 當日漲幅前 20 名的個股。

短線熱門股

☐ 當日沖銷比前一日沖銷量多 3 % 以上的個股。
☐ 當日沖銷量佔當日成交量 15% 以上的個股。

開盤強勢股

☐ 今天跳空向上，開盤價比昨天收盤價高出 3 % 的個股。

超人氣股

☐ 成交總值佔所有個股排行榜的前 20 名。

人氣最佳進步獎

☐ 成交總值排行名次進步最大的前 20 名。

融資大減的個股

☐ 當日融資減少張數最多的前 20 檔個股。
☐ 當日融資減少張數/融資餘額的比例最高的前 20 檔個股。

融券大增的個股

☐ 當日融券增張數最多的前 20 檔個股。

`開始搜尋`　　`重新輸入`

篩選方的條件可以由基本面、技術面、籌碼面等等交叉選股。

（圖片來源：XQ全球贏家）

圖5-5　盤中即時篩選範例－－ＸＱ全球贏家所開發的即時監控系統

作多　作空

時間	商品	成交	漲跌	漲幅%	單量	總量	訊息
11:04:36	榮成(1909)	11.20	0.40	-3.45	2	6113	關鍵價位爭霸(台灣)
11:04:36	勝華(2384)	10.30	0.55	-5.07	24	16780	總委買比總委賣多2000張
				-0.50	38	9414	連續十筆外盤成交(台灣)
				-0.50	14	4709	連續十筆外盤成交(台灣)
				+1.28	1	17	RSI出現黃金交叉(台灣)
11:04:35	F-紅木(8426)	47.50	0.60	+1.28	1	17	股價創五日新高(台灣)
11:04:34	鴻海(2317)	74.6	0.80	1.06	24	21667	關鍵價位爭霸(台灣)
11:04:34	一詮(2486)	20.2					量增不跌(台灣)
11:04:34	佳格(1227)	92.1				427	內外盤比超過60%(台灣)
11:04:34	悠克(6131)	11.40	0.05	+0.44	2	29	內外盤比超過60%(台灣)

綜合監控
股價面
量能面
技術

「綜合監控」系統，
在盤中只要點選「作多」或「作空」，
就能即時篩選出適合的個股。

為什麼適合作多或作空？
訊息條件列在這裡。

作多　作空

瞬間巨量大於300張(台灣)

時間	商品	成交	漲跌
11:03:38	彩晶(6116)	10.90	0.75
11:02:54	彩晶(6116)	10.90	0.75
11:01:36	彩晶(6116)	11.00	0.65
11:00:24	彩晶(6116)	11.05	0.60
11:00:10	華映(2475)	1.68	0.00

也可採用設定條件的方式，
將符合條件的即時個股歸納
在一起。

作多　作空

一分鐘內漲2%以上(台灣)

時間	商品	成交	漲跌	漲幅%	單量	總量
11:07:31	立碁(8111)	7.00	0.20	-2.78	1	573
11:03:01	立碁(8111)	7.00	0.20	-2.78	1	567
11:02:35	F-紅木(8426)	47.00	0.10	+0.21	1	14
10:58:23	隴華(2424)	41.10	1.25	+3.14	1	7
10:55:14	中福(1435)	6.56	0.12	+1.86	6	122
10:55:09	系通(5348)	11.10	0.10	+0.91	1	26
10:50:41	F-馬光(4139)	73.5	0.50	+0.68	1	35
10:48:31	智基(6294)	33.50	2.00	+6.35	2	63
10:47:56	F-馬光(4139)	73.4	0.40	+0.55	1	29
10:47:48	商店街(4965)	151.5	2.50	-1.62	1	38
10:42:48	光聯(5315)	3.93	0.03	+0.77	14	198
10:40:03	陽光能(9157)	2.90	0.06	-2.03	1	268
10:38:00	立碁(8111)	7.00	0.20	-2.78	1	439
10:36:31	智基(6294)	32.65	1.15	+3.65	1	57
10:32:32	德記(5902)	22.65	0.25	-1.09	1	90
10:31:41	亞信(3169)	33.80	0.60	+1.81	12	546
10:30:00	翔昇(6114)	5.18	0.33	+6.80	1	1
10:29:51	麗正(2302)	5.10	0.24	+4.94	2	578
10:29:26	亞信(3169)	34.10	0.90	+2.71	90	506
10:27:09	尚凡(5278)	124.5	2.00	-1.58	1	16
10:24:34	宏洲(1413)	4.29	0.05	-1.15	1	118
10:24:01	業強(6124)	22.25	0.60	-2.63	5	28
10:21:30	晶宇(4131)	9.17	0.37	+4.20	5	26

綜合監控
股價面
量能面
技術指標面
K線組合
市場面
獨門絕學

（圖片來源：ＸＱ全球贏家）

高效能玩短線 2
現在是２４小時、全球交易的時代

　　國際資金全球化趨勢愈來愈明顯，各國股市連動性持續加深，美國股市對台股的影響更不在話下。所以投資人要了解，現在是24小時連續交易的時代。國內市場下午1點30分收盤，接著是歐洲市場，然後是美國市場接二連三的開市。接著臨近的日本、韓國都比台灣早1個小時開盤，這些股市動向將影響當天的國內市場。

　　美國市場在台灣時間21點30分開盤，第二天上午5點結束。所以，當天的報紙不會有最快的訊息，但電視、網路則會出現即時訊息，英文能力好的投資人，可以上國際知名的BLOOMBERG、REUTERS查看當天美盤最新的即時行情與財經新聞。上班族沒有辦法一直看盤，早上的晨間新聞也會出現前一天深夜美股收盤的行情。

　　美國的四大股價指數當天行情對第二天一早台股開盤有很大影響。

・道瓊DowJones指數

　　這是世界上最有名的股價指數，歷史已經超過100年，它僅僅只有採樣30檔股票而已，但這30家公司全都是世界知名的企業，包括賣冰箱電視的GE、賣飲料的

可口可樂、製造飛機的波音、賣漢堡的麥當勞與IBM等，都是道瓊工業指數成員。

·納斯達克NASDAQ指數

NASDAQ跟國內的加權股價指數一樣，是綜合性的股價指數，它的採樣集中在電腦軟硬體、半導體、網路、通訊、生化科技等與高科技有關的各種類股，算是高科技產業最重要的指標。其重要性不但與國內電子股連動性高，全世界的科技股都受其影響。要預測國內當天電子類股會漲會跌，這個指數是一定不能漏掉的。

·史坦普S&P500指數

由權威的史坦普公司選出美國各產業最具代表性的公司共500家所編的指數。這500家公司是美國上市公司市值最高的前500家，份量自不在話下，是全球基金經理人必參考的重要依據。

·費城半導體指數

顧名思義是以半導體為主的股價指數。台積電就是費城半導體指數的成份股，因此看到費城前一夜大跌，隔天一早台積電等半導體相關個股就很難漲得起來。

表5-6 全球股市的漲跌會影響到國內行情(以下時間已換算成國內時間)

美國股市
道瓊、史坦普
21：30～04：00

那斯達克、費城半導體
22：30～05：00

亞洲主要股市
日本、韓國 8：00～14：15
台灣 9：00～13：30
上海、深圳 9：30～15：00
香港 10：00～16：00

歐洲主要股市
加拿大 23：30～06：00
法國、英國 16：00～00：00
德國 16：00～02：00

CHAPTER 6

操盤
順向有時
逆向有時

短線交易以順向操作為主，
但也有逆向操作的。
秘訣在於先觀察市場是強勢還是弱勢。

順向操作 1
追隨人氣匯集處！

　　在國內交易股票，必須隨時察看新聞並了解「概念股」的動向。所謂的「概念股」不同於一般產業分類的方式。

　　股票之所以成為「概念」，不外乎是匯聚了人氣匯聚了資金，而資金就如股市的氧氣一樣，沒有氧氣就沒有活力，當市場匯聚了人氣認同某一種「概念」時，股價就產生能量，所以，近來愈來愈多過去連想都沒有想過的概念股語彙在市場上，像是綠能概念股、選舉概念股、地球暖化概念股……不一而足。

　　對於這些概念族群，投資人不需費太多力氣去分析，充其量只是炒作股票的題材而已，雖然話是這麼說，但因為資金匯集，常常會有不小的行情，值得留意的是這種概念股潮流常常改變。

　　比方說，早年有所謂的「中國投資概念股」指的是前往中國投資布局的個股，不管是生產、技術、還是貿易，只要是在中國地區有投資題材的都稱為「中概股」。後來又流行所謂的「中國收成股」也就是公司不只在中國投資，還得獲利才

算。但這些概念隨局勢變化已經不復成為投資者青睞的主題。

什麼概念股當下最熱？

查網路是最簡易的辦法，每早晨開盤前建議可以上鉅亨網(http://news.cnyes.com)→台股→新聞，點選「盤勢」、「外資」與「券商」三個分類大項，逐一檢查不同外資、券商現下最熱門的話題與推薦的族群是什麼，多看、多做歸類功夫，久了就對行情愈來愈有「感覺」，主流股在那裡就能駕輕就熟。

圖6-1　利用網站，掌握最夯的盤面主題

（圖片來源：鉅亨網）

順向操作 2
選擇速戰速決的標的！

　　極短線是一種比較特殊的交易方式，沒有所謂「這檔股票已經跌深了，或許會反彈…」這種模糊的、中道的選股思維，其選股標的就是最熱門、關注的人最多的個股。也就是熱門股與主流股。為了提高成功率，選股需符合以下的四個條件：

　　一、價格變動幅度非常大。

　　極短線（如：當沖）交易是要在一天之內完成股票的買和賣，為了獲得利潤，必需選擇在一天中股價變動幅度很大的個股。

　　二、流動性非常高。

　　另外，必須是成交量高的股票。要是成交量低的話，盤面上所列出的買賣掛單可能會是稀稀疏疏的狀態，就不能進行隨心所欲的買賣。

　　三、最好是自己熟悉的股票。

　　不論交易的週期是長期還是短期，投資人都需要懂得股票的分類，而這在以當沖為主的交易中更顯得重要，因為國內的股票有很明顯的類股齊漲齊跌的特性。

圖6-2　合於當沖個股範例：國泰金(2882) 5分鐘K線圖

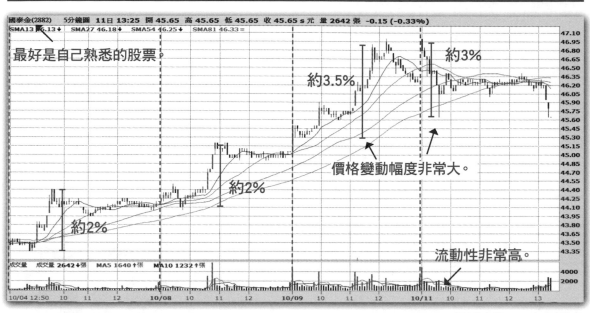

國泰金(2882)　5分鐘圖　11日13:25　開 45.65　高 45.65　低 45.65　收 45.65 s 元　量 2642張　-0.15 (-0.33%)
SMA13 46.13↓　　SMA27 46.18↑　　SMA54 46.25↓　　SMA81 46.33 =

最好是自己熟悉的股票。

約3.5%

約3%

約2%

約2%

價格變動幅度非常大。

流動性非常高。

（圖片來源：XQ全球贏家）

四、必需當天的行情氣氛是適合操作的時機。

開盤前至少要先觀察以下幾個地方再決定今天到底適合當沖嗎？

若適合，是要站多方？還是空方？簡單有效的判斷方法，可參考下列四項：

① 期指開盤	期貨指數早台股15分鐘，台指期開高或開低，可預測台股。
② 委賣(買)張數	若買單比賣單多很多，追高的意願會很明顯。如果開盤時每一筆買單在10張以上，賣單在7張以下，意味著法人在買散戶在賣；如果賣單10張以上，買單在7張以下，意味著法人在賣，散戶在買。
③ 漲跌家數	開盤後15分鐘，如果已經有超過10家漲停鎖死，大盤今天漲的機會非常高；相反的超過10家跌停鎖死，今天就很難是漲勢。
④ 昨天最強最弱	昨天最強的個股，開盤後若轉弱，今天就不容易漲；昨天最弱的股，開盤後轉強，今天就不容易跌。

順向操作 3
選擇精力充沛的潛力股！

在前一天晚上，如何捉住隔天可能有行情的個股呢？

成交量，是一個必要的參考指標。

股市變動向來是「量比價先行」，也就是先看到成交量之後才比較有可能出現漂亮的價格。而這裡所指的成交量，並非「絕對值」的成交量而「相對值」的成交量。

任何一檔股票的成交量如果是前一天的兩倍或兩倍以上，就算是大量；若是成交量是前一天的一半以下就算是少量，雖然這種估算是概略的算法，但可以當成一個基本，而前面提到的「相對值」這三個字很重要哦！因為個股的動能是否足夠？價、量算多？還是算少？都是一種「相對性」，也就是說它不但要跟自己前一天相比(或前三天、五天平均相比，因為是短線交易，所以，看好幾天前的數據並不是很有價值。)也要跟類股比、跟大盤比。如果站在這種「相對性」的比較基礎下表現很「突出」那就一定存在著某種也許你現在不清楚(新聞也不一定會出現)，但

事實上是存在著的因素。

所以，以當沖為前提的選股上，應該要掌握住「異常」、「突出」，往往能選出讓人獲利的股票。就比方說，當大盤跌的時候，有的股票逆勢上漲，這就是一檔值得關注的股票。為什麼呢？

試想，有什麼理由這檔股票會特別受投資人青睞呢？當大家都嚇得要賣股票的時候，是什麼人？憑著什麼理由敢那麼大膽的買進股票呢？

我猜「是那些提早知道這家企業接獲大訂單的人吧！」或者「是已經知道公司派要準備護盤的吧！」我猜……不管投資人怎麼猜，只要股票相對於大盤的走勢很特殊，那表示一定有相當有力的理由在背後支撐，不管是預備大漲或大跌。而這些蛛絲馬跡就可以從「成交量」與「分時走勢圖」看出來。要掌握這種異常、突出的股票，排行榜是很便利的工具。

圖6-3 異常量大的標的範例：緯創(3231)日線圖

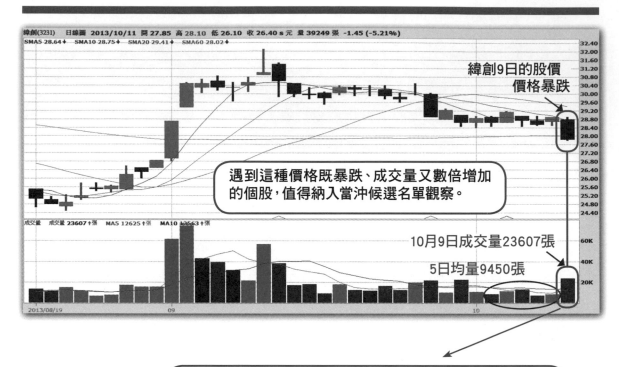

緯創9日的股價
價格暴跌

遇到這種價格既暴跌、成交量又數倍增加
的個股，值得納入當沖候選名單觀察。

10月9日成交量23607張

5日均量9450張

大盤只是平盤上下整理，下一個交易日(10月11日)緯創開盤
不久就出現大成交量，價格又在盤下，出現了異常走勢，前
一天已出現"大量"似乎已預言了今天的走勢。

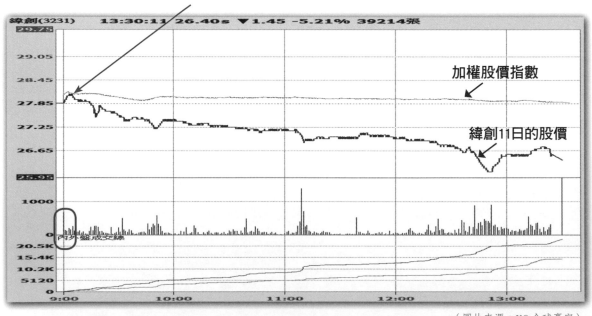

加權股價指數

緯創11日的股價

內外盤成交線

（圖片來源：XQ全球贏家）

圖6-4　異常量大的標的東陽(1319）日線圖

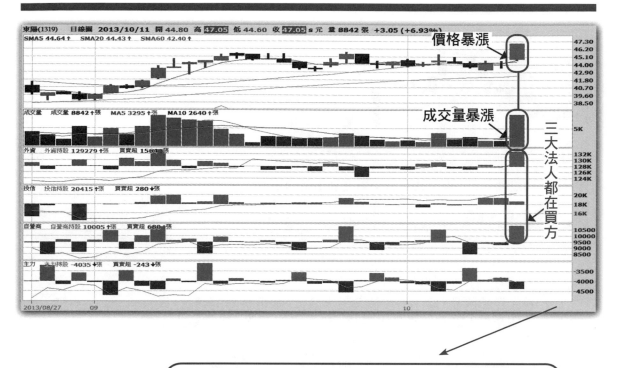

股價圖漂亮，成交量與籌碼面都很樂觀，這樣子的圖形，可以期待明天在大環境的推波助瀾下，多頭會有機會賺進差價。

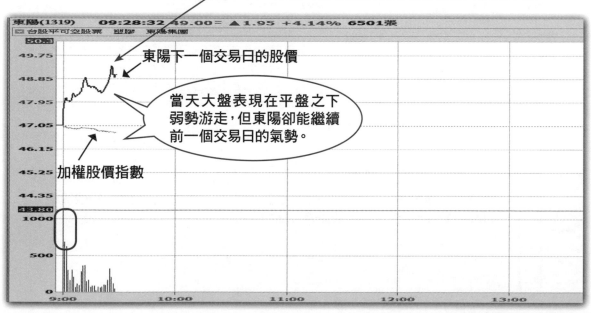

（圖片來源：XQ全球贏家）

圖6-5　異常量大的標的日勝生(2547）日線圖

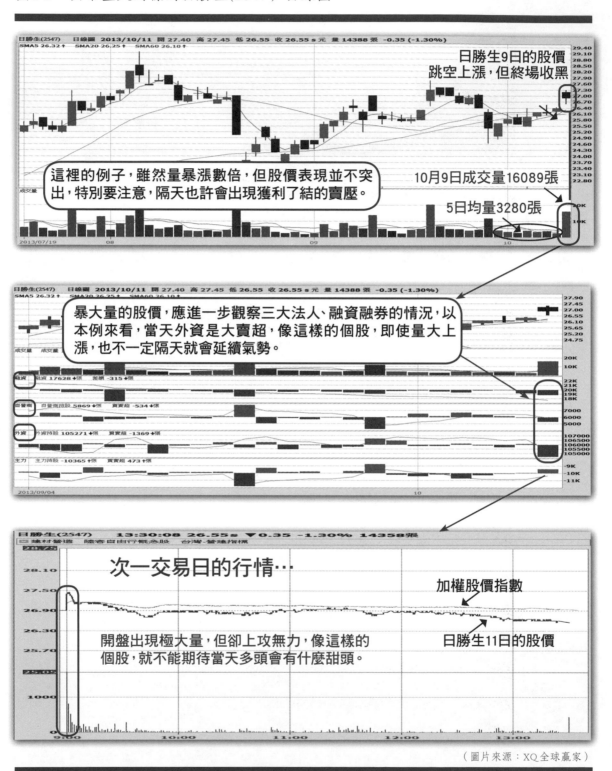

（圖片來源：XQ全球贏家）

順向操作 4
捉住領導股！

　　極短線買賣，特別是在當沖交易中，應該留心「現在，主導型個股是誰？」。

　　如何找出「哪檔股是主導股？」利用排行榜交叉比對看看「誰是股價漲幅、成交量漲幅在排行榜的排序中頻繁出現的個股」，這樣的個股顯然是被投資眾人一起關注的焦點。這樣的主導型個股被確認以後，接著就要觀察它的價格變動，並捉住被它牽動而發生變動的股票尋找買賣時機。

　　範例是2013年10月14日四檔觸控面板的分時走勢圖。Ｆ-ＴＰＫ（3673）一早就帶量下殺，9點30分不到就幾乎跌停，接著同為觸控族群的群創(3481)10點也殺到跌停，最後勝華(2384)、彩晶(6116)也撐不住了，11點左右也跌停。像這樣的當沖交易，從進場到出場的時間可能不必超過半小時，有時幾分鐘就完成一次交易。

　　而要記住的是，這裡所指的行情領頭者可不是產業的龍頭哦！它跟大股本、高知名度、形象好的企業龍頭不同，它指的是當時氣勢最強的股票。通常是指漲幅最大、成交量也大的個股。

圖6-6　觸控面版齊跌範例－－F-TPK(3673）＋群創(3481）2013.10.14分時走勢圖

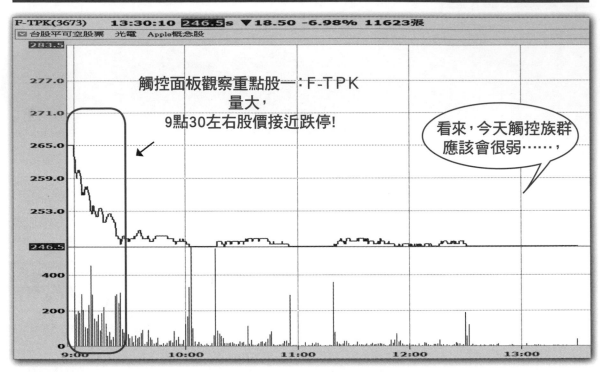

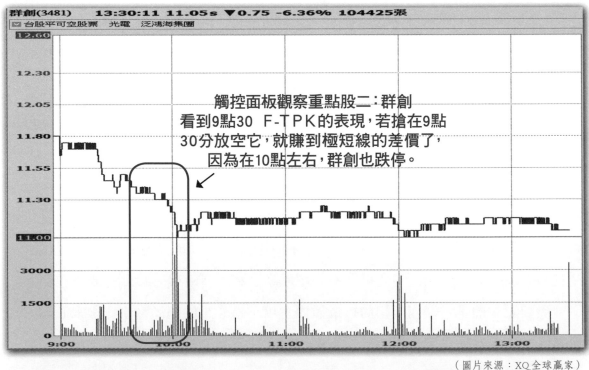

（圖片來源：XQ全球贏家）

圖6-7　觸控面版齊跌範例－－勝華(2384)＋彩晶(6116) 2013.10.14分時走勢圖

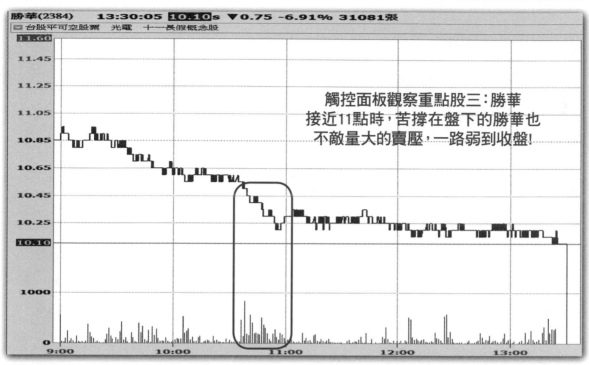

觸控面板觀察重點股三：勝華
接近11點時，苦撐在盤下的勝華也
不敵量大的賣壓，一路弱到收盤!

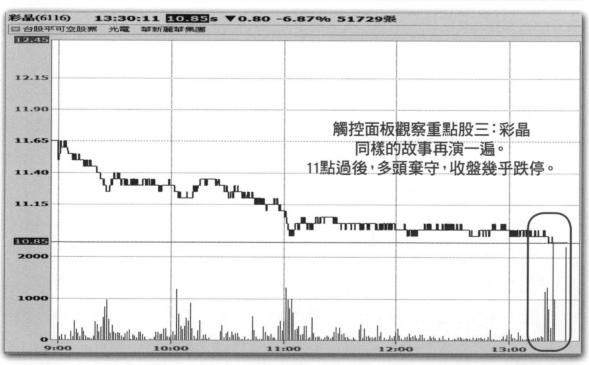

觸控面板觀察重點股三：彩晶
同樣的故事再演一遍。
11點過後，多頭棄守，收盤幾乎跌停。

（圖片來源：XQ全球贏家）

順向操作 5
主題性行情

因為產業特性，國內不管是生產型或貿易型的廠商受匯率的升貶影響不小。

當新台幣升值，仰賴進口原料的企業因為成本降低，獲利提高，股價就容易上漲；相對的，新台幣若升值，以出口為主的產業因為營業額變少獲利變少而不利於股價。尤其過去外資法人對國內科技業常有匯損的疑慮，新台幣升值常會影響外資持股，因為即使企業不因匯損的問題而衝擊股價，也會有實質上獲利的減少。

一般說來，台幣上漲初期，會因為熱錢效應出現全面上漲的情況，但升值一段時間之後，就會比較明顯區分出受惠族群與受害族群。

具體來看，新台幣升值時，資產、營建、塑化、紡織、鋼鐵、橡膠均可望受惠，尤其具有資產題材的「老傳產」往往不缺席，例如農林、三陽、台塑四寶、台苯、台肥、國喬、正新等等。至於受害的族群，外銷的電子業、外銷的工機具業和面板產業都是受新台幣升值影響而成本變貴，使股價上漲不易。

以2013年7月以後為例，受到美元走弱，而使亞洲周邊國家包括韓國、日本均

走升的影響，新台幣也強勁升值，在這段時間，面板股的友達、群創股價相對大盤弱很多。而一向股價不怎麼有題材的傳產，像是農林、國喬，雖然這段時間上漲自有其個別的因素，不過，短線行情總會搭搭台幣升值題材的順風車，相對上股價表現就亮眼多了。

圖6-8　受美元走弱的影響，新台幣從2013年7月後強勁升值

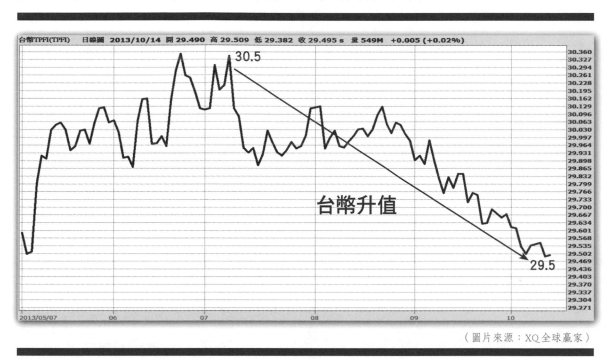

（圖片來源：XQ全球贏家）

表6- 1 以台幣升值（假設從1美元兌30元升值到兌29美元）為例，影響層面如下：

受惠族群	進口為主的產業，因為成本會降低（原本買1億美元的原料需30億台幣，升值後只要29億台幣），原物料股及MLCC股都是（例如台塑、台塑石化、華新科……等）。
受害族群	出口為主的產業，因為營業額會降低（原本1億美元的業績可換30億台幣，升值後只剩下29億台幣），出口型電子股都是（例如廣達、仁寶……等）。

圖6-9　新台幣升值受惠範例－－農林(2913)＋國喬(1312)與大盤走勢比較圖

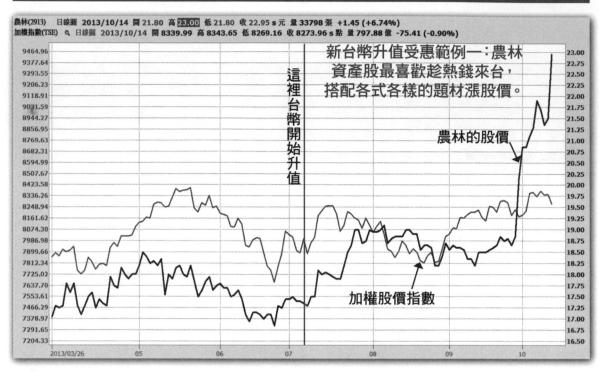

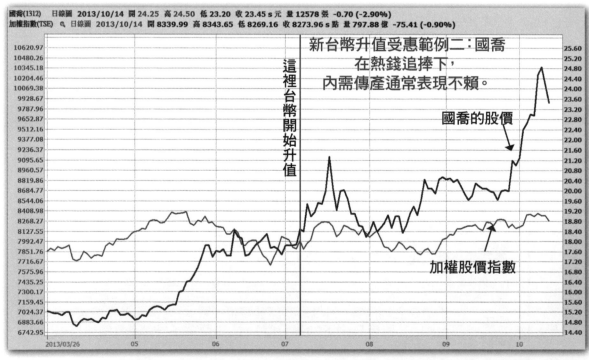

（圖片來源：XQ全球贏家）

圖6-10　新台幣升值受害範例－－群創(3481）＋友達(2409）與大盤走勢比較圖

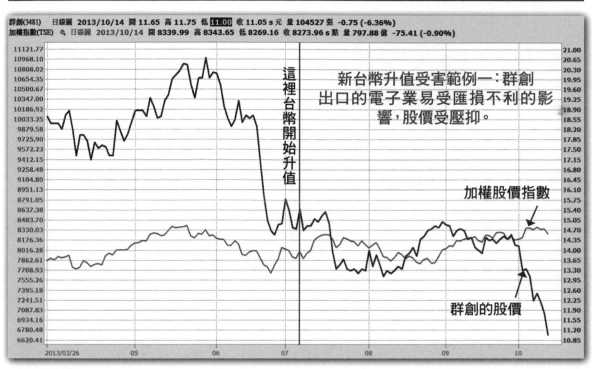

新台幣升值受害範例一：群創
出口的電子業易受匯損不利的影
響，股價受壓抑。

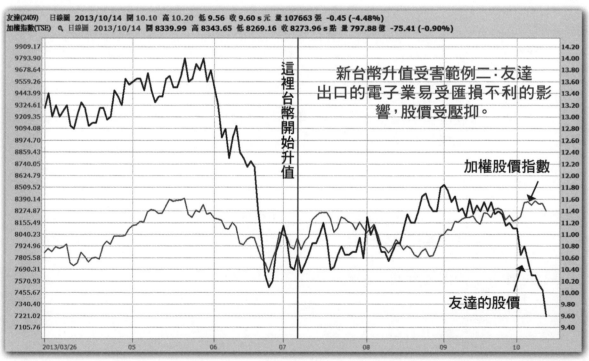

新台幣升值受害範例二：友達
出口的電子業易受匯損不利的影
響，股價受壓抑。

（圖片來源：XQ全球贏家）

逆向操作 1
行情與市場預期相反時！

　　短期間股價變動受市場預期心理影響很大，尤其對高價股更是如此。

　　高價股除了價格敏感之外，另外有一個特色，也是股市裡某種不成文的「潛規則」－－好消息若沒有上漲，將會下跌；若消息若沒有下跌，將會上漲。

　　至於為什麼會這種潛規則？理由很多，有可能是原先的利多，早就被市場上消息靈通人士早一步卡位，等到好消息出來時，一般跟進新聞的投資人進場剛好接到主力拋出來的籌碼，因此，價格不漲而跌；另外，也有可能新聞媒體解讀的「好消息」並不如市場上的「預期」，例如，市場本來預期某家公司上一季可以賺20元，但好消息是該公司上一季只賺了19元，因此，儘管這家公司已經賺很多了，可是好的情況不如市場預期，所以，股價不漲反跌。

　　壞消息與股價之間的反應也是如此。

　　對短線投資者如何因應呢？其實不管它的真實情況是如何，只要掌握住這裡所說的「潛規則」進行逆向操作就可以了。

蘋果 i Phone5S及 i Phone5C在2014年的9月開賣，供應鍊受惠，大立光(3008）9月份的營收創新高，比8月份成長超過10%，也比去年同期成長47%以上，但大立光10月7日公布這項消息時，當天股價卻跌了30塊錢，之後又連跌了數天。熟悉市場潛規則的老手，不會太去探究真正跌的原因是什麼，總之，當消息與行情走勢不同調時，短線上，逆向著消息操作總是比順著消息操作勝算來得大。

圖6-11　運用市場潛則範例－－大立光(3008）月營收資與與日線圖

大立光(3008) 月營收資料					
年/月	營業收入	月增率	去年同期	年增率	累計營收	年增率
2013/09	2,653,362	10.30%	1,798,580	47.53%	18,131,170	57.81%
2013/08	2,405,529	14.48%	1,533,612	56.85%	15,476,932	59.70%
2013/07	2,101,213	6.58%	1,178,730	78.26%	13,066,820	60.19%
2013/06	1,971,404	0.50%	977,886	101.60%	10,960,293	57.08%
2013/05	1,961,551	2.68%	1,179,889	66.25%	8,983,404	49.75%
2013/04	1,910,432	17.69%	1,179,160	62.02%	7,016,870	45.60%

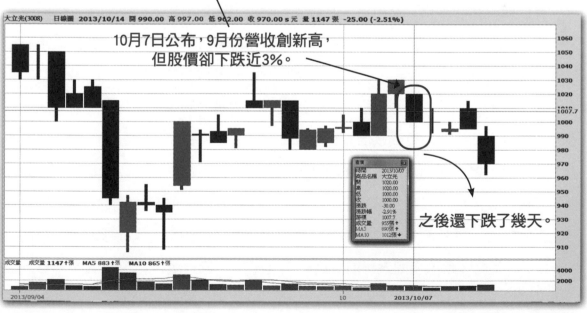

（圖片來源：XQ全球贏家）

逆向操作 2
快閃的隔日沖交易

　　有一種特殊的過夜交易卻是「逆勢型」的，也就是趁著下跌走勢，大膽的逆勢突擊買進並快閃賣出，停留的時間通常不會超過兩個白天一個晚上，看對還是看錯都得快閃。

　　操作逆勢快閃首先得弄清行情是否出現暫時的暴跌局勢。逆勢突擊需要運氣與經驗。經驗上如果台股受到政治面利空打壓時，往往會暫時不理會國際股市利多與否，個股也不會去管到底財報有多漂亮，總會「先跌再說」，而這就是投資人搶短線的好機會。這種交易最大風險在於中間安插了一個晚上的空白時間，誰也難以百分之百的斷言，就那麼一個晚上不會出現強化壞消息的事情。以紅衫軍遊行為例，2006/9/15大規模政治夜間遊行前股價一直受壓抑，等到遊行結束次個交易日大漲回應，當時，採取逆勢交易的投資人都大賺了一票，但同時也承擔了「萬一無法和平落幕」的風險。所以，這種交易方式原則是不管看對還是看錯，隔天都得快閃。

圖6-12　隔日沖逆勢交易範例：加權指數日線圖（2006/07～2006/10）

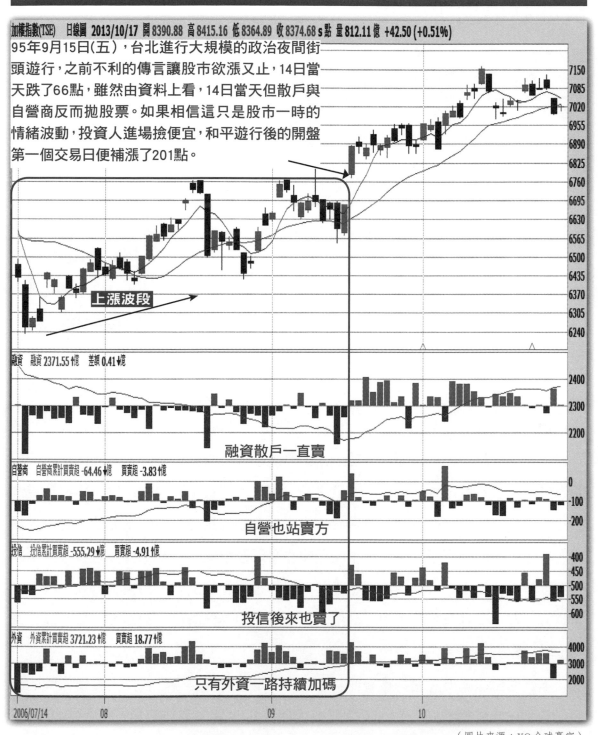

95年9月15日(五)，台北進行大規模的政治夜間街頭遊行，之前不利的傳言讓股市欲漲又止，14日當天跌了66點，雖然由資料上看，14日當天但散戶與自營商反而拋股票。如果相信這只是股市一時的情緒波動，投資人進場撿便宜，和平遊行後的開盤第一個交易日便補漲了201點。

加權指數(TSE)　日線圖　2013/10/17 開8390.88 高8415.16 低8364.89 收8374.68 s點 量812.11億 +42.50 (+0.51%)

上漲波段

融資　融資 2371.55 ↑億　差額 0.41 ↓億

融資散戶一直賣

自營商　自營商累計買賣超 -64.46 ↓億　買賣超 -3.83 ↑億

自營也站賣方

投信　投信累計買賣超 -555.29 ↓億　買賣超 -4.91 ↑億

投信後來也賣了

外資　外資累計買賣超 3721.23 ↑億　買賣超 18.77 億

只有外資一路持續加碼

2006/07/14　　08　　09　　10

（圖片來源：XQ全球贏家）

逆向操作3
開盤逆襲法

　　短線交易大部份採順勢操作，也就是追逐氣勢上漲再更上漲的差價。但有些時候也採用逆勢操作法在超跌的瞬間賺一小段。比方說，一檔前一天處於跌勢的個股，今早以比昨天更低的價位開盤，但開盤後不久股價就有實力上升到前一天的最低價之上，當股價漲到比前一天低價更高一點時，這就是買進的位置。而符合這個條件的前題是，個股從日線來看處於一個強勢上漲的趨勢。在前一天的跌勢中，投資人本來信心就動搖了，今天一早發現開盤又以低價開出「會不會一直跌下去」的不安感讓心急的投資人一口氣賣出股票。但是，若之後出現「股價其實是太低了」的買方投資人，其氣勢可以把股價拉到比前一天的最低價更高的地方，有可能會進一步吸引買方投資人，一起出手進一步推升股價。

　　本例從日線圖看，它持續著非常強的上漲走勢。經驗告訴我們，在這樣強的上漲走勢下，當股價暫時下跌，反彈是值得期待的。從10月17日的5分鐘K線看，沒有信心的投資人一直賣股票，所以當天收黑棒，18日一開盤沒有信心的投資人就

已經掛賣單，不久就出現比前一天更低的價錢，但不久買盤啟動，當股價回升到比前一天的最低價還高時，就可以進場了。搶這種行情，視情況可以一個小時甚至幾分鐘就要停利賣出了。

圖6-13　永光（1711）日線圖＋5分鐘線圖

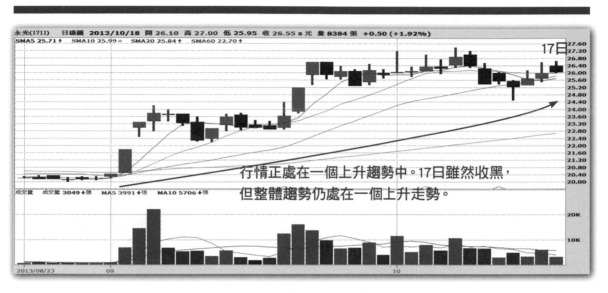

行情正處在一個上升趨勢中。17日雖然收黑，但整體趨勢仍處在一個上升走勢。

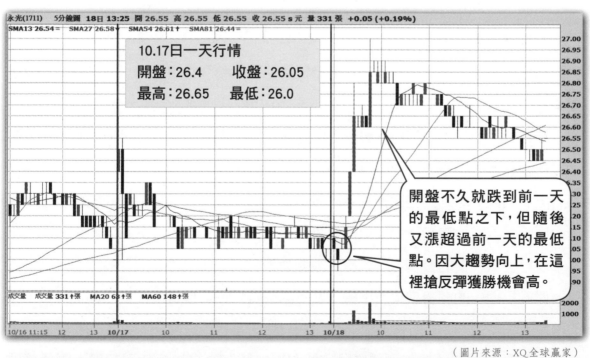

10.17日一天行情
開盤：26.4　　收盤：26.05
最高：26.65　　最低：26.0

開盤不久就跌到前一天的最低點之下，但隨後又漲超過前一天的最低點。因大趨勢向上，在這裡搶反彈獲勝機會高。

（圖片來源：XQ全球贏家）

逆向操作 4
週一行情逆襲法

　　美國著名的短線交易人賴利・威廉斯(Larry Williams)發現「星期一容易成為行情轉折點」這個規律。

　　為什麼星期一會跟行情有關係呢？因為他觀察到跌勢中，週一開盤的不安會加重！

　　賴利說，如果上一週股票處於下跌狀態中，那麼，投資人在星期六和星期天就會從電視和報紙媒體聽到很多專家帶來不樂觀的評論。

　　記者們因為看到已經跌跌不休的股市了，他們的天職就是在這些已經發生的事上找原因，在這種情況下通常偏向於爆出不利消息（利空因素）。如此，在跌勢下本來就已經很不安的投資人，心理更被煽動了。

　　假設星期一的開盤就跳空下跌，從短期來看，在這種慌亂的賣出高潮後接下來的就是上漲轉換的時機。發現了股價這種特性的賴利・威廉斯制定了一套戰略──

　　如果星期一在低於上週低價跳空開盤，行情在此之後反而漲超過上週低價的

話，就可以把它當作反彈上漲的標誌，買進。週一交易信號的模式，可以說是反映投資人心理特徵的投影。

圖6-14　週一跳空下跌，填空後，可買進賺短差！範例：加權股價指數日線圖

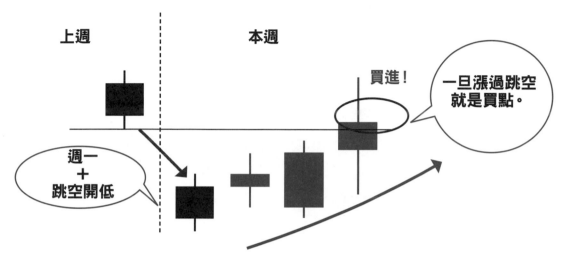

（圖片來源：XQ全球贏家）

短線
必讀

股票獲利智典

股票獲利智典① 技術面篇 ————————— 定價：199元
作者：方天龍

股票獲利智典② 股價圖篇 ————————— 定價：199元
作者：新米太郎

股票獲利智典③ 1日內交易篇 ————————— 定價：199元
作者：新米太郎

股票獲利智典④ 5分鐘K線篇 ————————— 定價：199元
作者：新米太郎

股票獲利智典⑤ 期貨當沖篇 ————————— 定價：199元
作者：新米太郎

股票獲利智典⑥ 超短線篇 ————————— 定價：249元
作者：新米太郎

CHAPTER 7

波段
膽大心細玩衝浪

波段財很務實，
具備基本知識，
人人都能當波段衝浪客。

波段交易
適合 3 天～數週的衝浪交易與股票箱交易

　　股價大幅上漲不輕易來臨，在變化幅度不大的行情中，如何掌握波段行情進行交易，這裡要介紹兩種方式，一種是「衝浪」交易，一種是「股票箱」交易。

　　短線投資人雖然也會出現以「月」計的保留時間，但它跟長期投資的心態與方式不同，其獲利來源是捕捉行情一小段一小段的變動從而積累利潤，並以現在的收益做為產生下一次收益的基礎，就像滾雪球一樣可以期待收益逐漸增多，也就是所謂的「複利效果」。此外在交易時機上，衝浪交易也只選在很明顯的走勢下投資（包括上漲走勢與下跌走勢）。若行情無波動，「休息」反而是最佳策略。如果能夠在走勢愈明顯的行情下進行交易並尋找目標，就可以減少失敗。**衝浪交易關鍵在於尋找股價大幅度變動的個股。簡單說就是需掌握住股市中最熱門話題的主角。然後趁早買進與之相關的股票，並在股市厭倦這個話題前賣掉它。**

　　要小心的是，這種「人氣股」行情往往來得急去得也快，如果發現得太慢，進場時說不定已經在最高點了。

圖7-1　衝浪交易範例：台積電日線（2013/07～2013/10）

股市就像時尚，同一話題最多只會在股市存在3個月。因此，持有「人氣股票」時間不能太長。這樣，以一段時間一個主題為基礎，反復進行「主題衝浪」，是提高交易效率的方法之一。

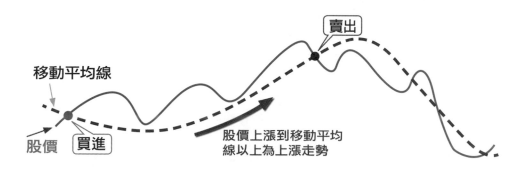

移動平均線

股價　買進

賣出

股價上漲到移動平均線以上為上漲走勢

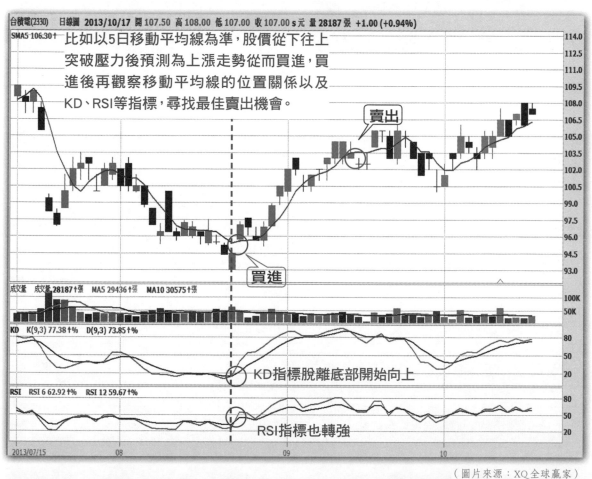

台積電(2330)　日線圖　2013/10/17　開 107.50　高 108.00　低 107.00　收 107.00 s 元　量 28187 張　+1.00 (+0.94%)

SMA5 106.30↑

比如以5日移動平均線為準，股價從下往上突破壓力後預測為上漲走勢從而買進，買進後再觀察移動平均線的位置關係以及KD、RSI等指標，尋找最佳賣出機會。

賣出

買進

成交量　成交量 28187↑張　MA5 29436↑張　MA10 30575↑張

KD　K(9,3) 77.38↑%　D(9,3) 73.85↑%

KD指標脫離底部開始向上

RSI　RSI 6 62.92↑%　RSI 12 59.67↑%

RSI指標也轉強

2013/07/15　　08　　09　　10

（圖片來源：XQ全球贏家）

圖7-1　股價箱交易範例：晶電日線（2013/07～2013/10）

反復在股票箱的低買進，高點賣出，以逐步積累小額利潤。

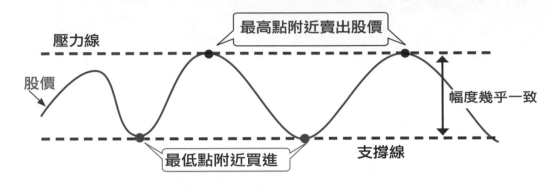

壓力線

最高點附近賣出股價

股價

幅度幾乎一致

最低點附近買進

支撐線

1 只在很明顯的走勢下投資
▶▶ 準確度高，以一定的規律交易

2 短時間內逐漸積累利潤
▶▶ 時間越短風險越低

（圖片來源：XQ全球贏家）

衝浪交易 1
法人動了，才開始衝浪

如何發現適合衝浪交易的人氣股票呢？

股市在每一段時間都會出現所謂的「主流類股」，短線投資人若沒有跟上趨勢沒有買對「主流類股」，有可能別人買的股票在漲，自己買的股票就是不漲。

如何避免錯失掌握主流股商機呢？

花功夫研究產業動向是基本功，不過，這種能耐的培養不是一朝一夕；雖然如此但也不能憑感覺「猜」，最簡易入門法就是跟著「法人」走。

國內股市的參與者法人與大戶在市場上均有主導性的地位，在操作股票的手法上，法人、大戶偏向於短線投機與技術性操作；而外資則偏向以基本面選股做長期投資。投資人先有這樣的基本概念，未來在選股時就較有方向了——不是你認為某產業是主流，就該是主流。

誰是主流？

法人主力與外資「做」了才算！

操作短線散戶總是不能忽略法人究竟在做什麼動作。

以下幾點可以當成具體的參考：

一、類股佔大盤資金比例：

要成為主流類股，類股資金應佔大盤成交量資金排名的前三名。

二、個股成交量：

應在股市總體成交量排行榜前25名或50名以內。因為量是價的先行指標，有人氣匯集就會成為潮流。

三、融資融券的變化：

漲勢初起必然量價齊揚，融資(借錢買股者) 多，就表示這檔股很多人關注，當然，站在空方的融券(借股票賣出者) 也會認為「漲什麼漲？我就要等你漲多大跌賺一票…」所以融券也增多！！

同一檔股票有人大叫買進有人大叫賣出，是人氣主流股的特色。

四、基本面有利多題材：

報紙、第四台的投顧老師、新聞報導都在討論什麼呢？

是旅遊產業？石油？新糧食計畫？還是４Ｇ？…

這些「消息」蒐集一下，那一項最多？大約就是那個時段的主流類股。不過，已經被當成像新聞一樣追逐的人氣股票通常已漲一段了，追價需要大大的小心。

個人投資者最高竿的是早一步發掘有業績題材的個股並早一步卡位，獲利就更可觀了。

衝浪交易 2
長浪護短浪

　　前文我們定義過，「衝浪交易」大約是3日～幾周內進行的短線買賣。短線交易不像長期投資，有業績、本益比、股東報酬率等等做為進出基礎，短線投資有點兒「各憑本事」的味道，但一般以5日均線為標準——

　　股價站上5日線以上，可以看成是上漲局勢的開端，所以，可以在股價上漲突破5日線時買進，股價跌破5日線的時賣出。

　　不過，只憑股價突破5日線，可能很難確認股價將進入上漲走勢。可以配合「以長線掩護短線」的做法，例如先選擇20天、60天移動平均線均上揚走勢的標的，等股價站上5日均線之上再做買進。

　　這樣的判別方法並非一定掌握上漲的股票，只是這種方法很容易，失手率較低。簡單來說就是中長期的移動平均線呈現「多頭排列」時(或者採用傳統的買進標誌「黃金交叉」)，這樣的個股就可以當成買進候選股。均線雖然很簡單好用，但因為常常出現得太晚，所以可以搭配常用的計量化指標綜合判斷。

圖7-3　衝浪交易範例：台苯(2310）日線圖

均線多頭排列

移動平均線由上而下分別是股
價、短期、中期、長期排列。

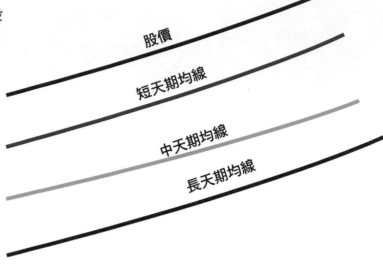

股價

短天期均線

中天期均線

長天期均線

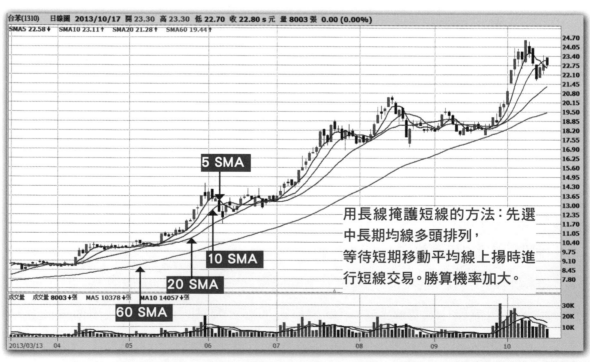

用長線掩護短線的方法：先選
中長期均線多頭排列，
等待短期移動平均線上揚時進
行短線交易。勝算機率加大。

（圖片來源：XQ全球贏家）

衝浪交易 3
技術指標助你一臂之力

投資人常常碰到的問題是，這個指標跟那個指標所發出的「指令」不相同，甚至是相反……。要解決這個問題，有賴經驗與對每個指標的熟悉度，此外，就是把指標的參數儘量設定在與過去歷史股價的波峰與波谷相接近的情況，用這種方法來判斷走勢。

又例如，你熟悉了某一種指標，在過去所操作股票上準確度很高，但用在別檔股票就「不準」或是出現反訊號；又有些指標在多頭市場時訊號出現非常準，但遇到盤整期就「失靈」，遇到下跌趨勢竟然「相反」……凡此種種都有可能發生。

任何計量化的指標計算公式都是死的，但運用是活的，原則上每檔不同的股票因為企業的成長能力與價格變動都不一樣，所以，把不同的股票都設定同一套計量化指標來參考是不合理的。另外，會產生「鈍化」的計量指標，像KD、RSI，不是進入超賣區就做多買進，最好的方式是等到走出超賣區之後再以之為參考指標買進。相反的情況也一樣。

表7-1 RSI指標的應用方法

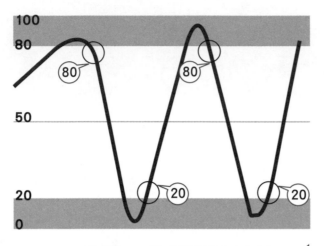

RSI的指標應用方法：
80(或70)以上是超買區，20(或30)以下是超賣區。

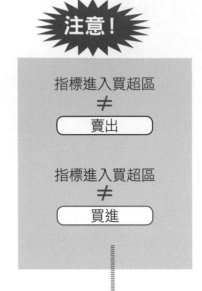

注意！

指標進入買超區
≠
賣出

指標進入買超區
≠
買進

建議RSI的指標應用方法： ◀
RSI進入超買區→等指標離開超買區，才是「賣出」的時點。
RSI進入超賣區→等指標離開超賣區，才是「買進」的時點。

圖7-4　技術面的應用ＲＳＩ範例：台苯(2310）日線圖

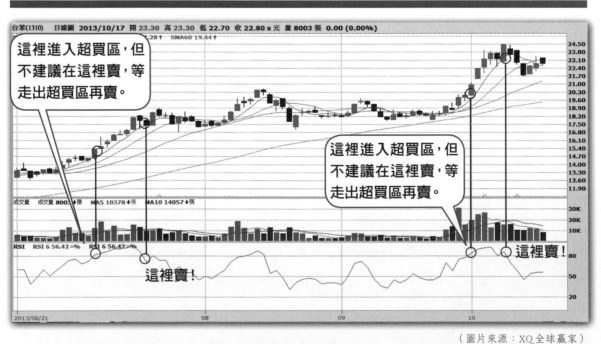

（圖片來源：XQ全球贏家）

表7-2KD指標的應用方法

KD的指標應用方法：
80(或70)以上是超買區，20(或30)以下是超賣區。

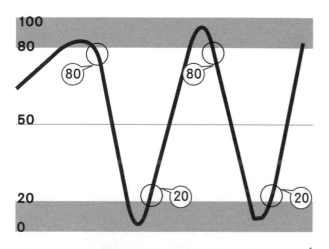

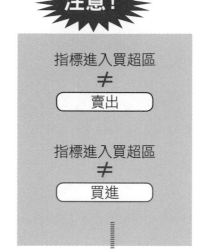

建議KD的指標應用方法：
KD進入超買區→等指標離開超買區，才是「賣出」的時點。
KD進入超賣區→等指標離開超賣區，才是「買進」的時點。

圖7-5　技術面的應用ＫＤ範例：貿聯(3665)日線圖

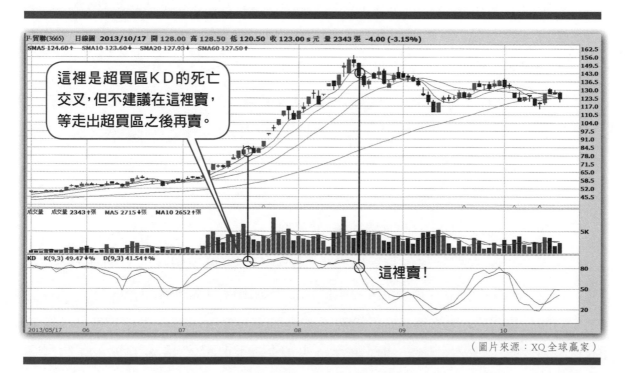

（圖片來源：XQ全球贏家）

衝浪交易 4
實戰範例一

　　初學者最好先嘗試從短線、小額獲利開始，比方說，把停利設定在6%，停損設定在4%。等有信心後，再逐步的加大價差，或再重新擬定投資策略。

　　找到完全合於以下四種條件的個股，目標是進行2～3天的衝浪交易。

　　條件一，鎖定市場上的中小型股且當時股價偏低。（中小型股主力容易拉抬，尤其是籌碼不亂的個股，即使遇上市場大勢不佳，主力也有能力把籌碼買回；但若是大型股，遇到大盤賣壓太重，大多數人想賣股票時，主力也可能跟著棄守。）

　　條件二，日K線的形態好。

　　條件三，5日、10日、20日均線多頭排列。

　　條件四，當天短線技術指標強勢。如鎖定MACD這項指標，查看開盤後5分鐘、10分鐘、30分鐘的MACD至少有兩個以上已經出現買進訊號的。

　　若能找出以上4種條件孚合的個股，若大盤沒有暴跌，有機會捉到行情。就算沒有等到行情，設好停損點，損失也不會太大。以下以永裕（1323）做示範：

圖7-6　永裕(1323）2013.10.16日線圖與其基本資料

永裕(1323)基本資料			
YONYU PLASTICS CO., LTD			
掛牌交易所	TSE	股本(億)	小型股 → 8.69
董事長	王威程	初次上市(櫃)日期	1996/07/17
發言人	郭錦添	成立時間	1973/04/02
總經理	王威程	每股淨值 (2013.2Q)	16.08
公司電話	06-2793711	每股盈餘 (2013.2Q)	有獲利 → 0.79
股務電話	02-23892999	營業毛利率 (2013.2Q)	26.05%
股務機構	凱基證券股份有限公司股務代理部	稅前淨利率 (2013.2Q)	15.09%

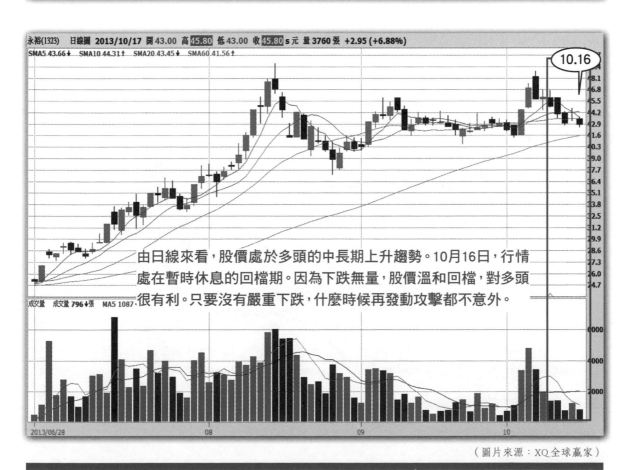

由日線來看，股價處於多頭的中長期上升趨勢。10月16日，行情處在暫時休息的回檔期。因為下跌無量，股價溫和回檔，對多頭很有利。只要沒有嚴重下跌，什麼時候再發動攻擊都不意外。

（圖片來源：XQ全球贏家）

圖7-7　　永裕(1323）2013.10.17日當天5分、10分、30分K線圖

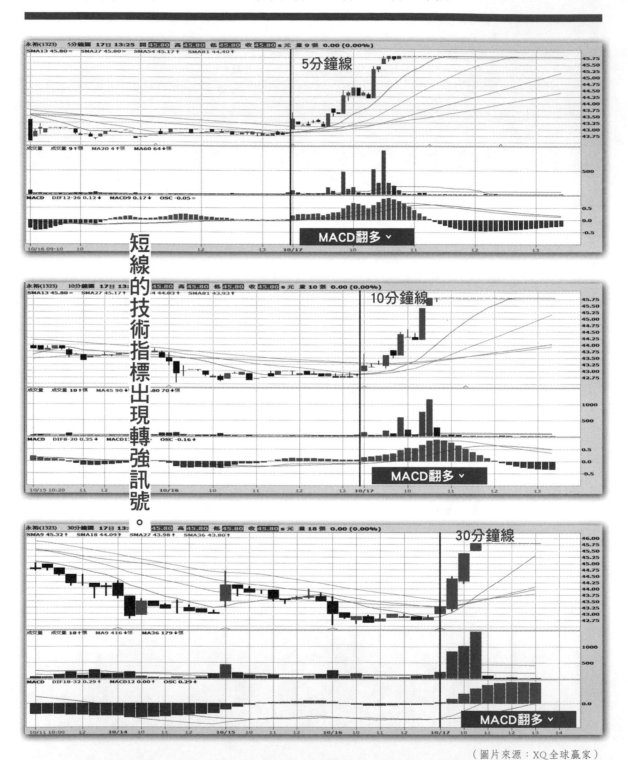

短線的技術指標出現轉強訊號。

（圖片來源：XQ全球贏家）

17日，逮到一檔短線強勢股買進後，隔天(18日）的分時走勢圖果然「續強」，在開盤後22分鐘(9點22分），股價已經上漲了3.5%：

圖7-8　永裕(1323）2013.10.18日分時走勢線圖

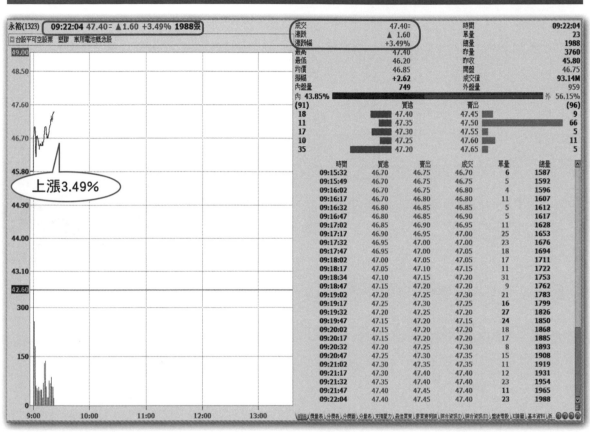

（圖片來源：XQ全球贏家）

衝浪交易 5
實戰範例二

短線的「龍頭股」尋找方法，有一個很簡單的判別方式——

開盤之初先看類股與大盤的比較走勢。從中就可以比較出那一類族群最有可能擔綱當天的主題。

找到最強的族群後，再從這類族群的成交量排行榜中找出：族群中那一檔股票最先放量上漲。

找出放量上漲的個股後有兩種操作方式，一種是直接鎖定放量上漲的個股進行交易；第二種是找到同類族群中尚未開始有表現的個股提前「卡位」。

這種尋找衝浪交易標的的方法，適用在大盤的表現方向很清楚的時候，比方說，當天大盤很強或很弱。若大盤很強，族群整體表現比大盤強很多的話，當天就會更強；若大盤很弱，族群整體表現比大盤弱很多的話，當天就會更弱。

以下將以2013年10月18日為示範：

圖7-9　第一步：開盤後幾分鐘觀察各族群類股與大盤的走勢相比

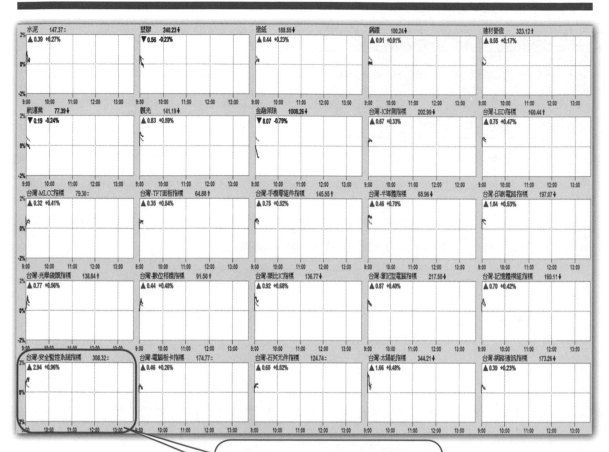

大盤開盤上漲，而類股族群中表現最強的是「安全監控系統」。

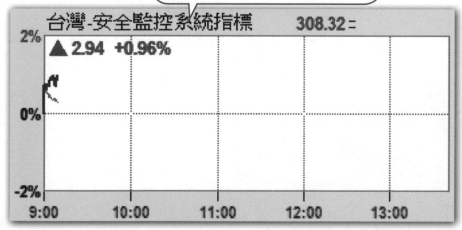

（圖片來源：XQ全球贏家）

圖7-10　第二步：查看「安全監控系統」的成份股有那幾檔？並時時關注族群走勢

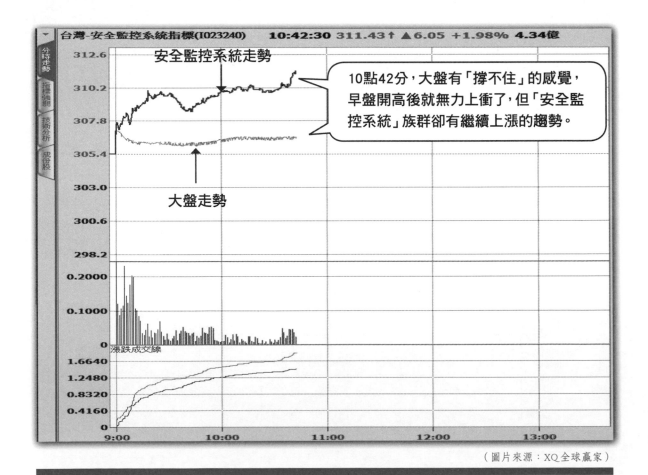

留意最先放量的「量大」個股。
本例的前兩名分別是晶睿(3454)與奇偶(3356)。

安全監控系統走勢

10點42分，大盤有「撐不住」的感覺，早盤開高後就無力上衝了，但「安全監控系統」族群卻有繼續上漲的趨勢。

大盤走勢

（圖片來源：XQ全球贏家）

圖7-11　第三步：查看晶睿(3454）的5、10、30分鐘K線與技術線圖

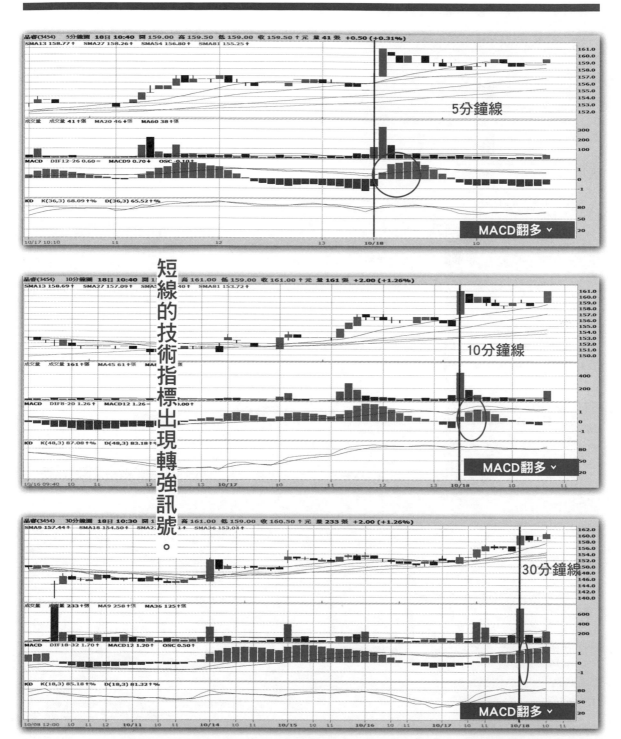

短線的技術指標出現轉強訊號。

（圖片來源：XQ全球贏家）

圖7-12　第三步：查看奇偶(3356)的5、10、30分鐘K線與技術線圖

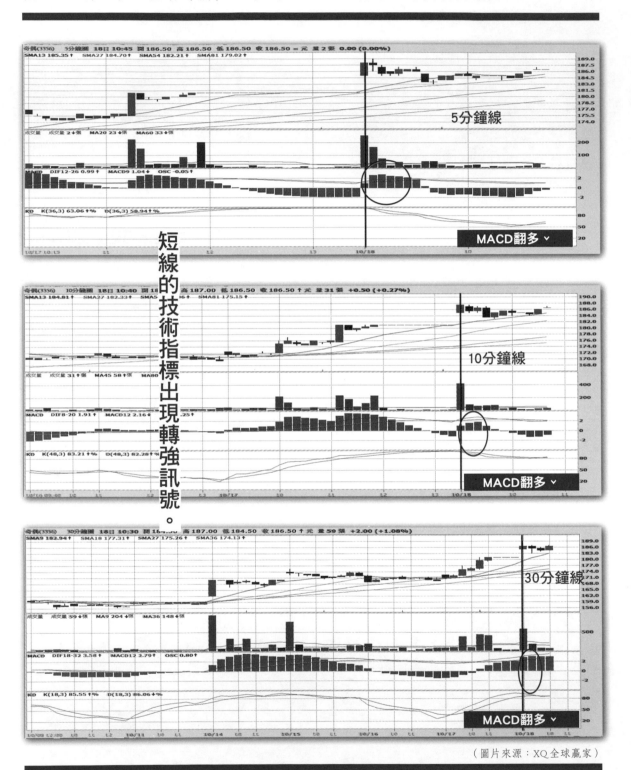

短線的技術指標出現轉強訊號。

（圖片來源：XQ全球贏家）

圖7-13 第四步：將目標族群的走勢圖收納在一起看盤，量太小的可先淘汰

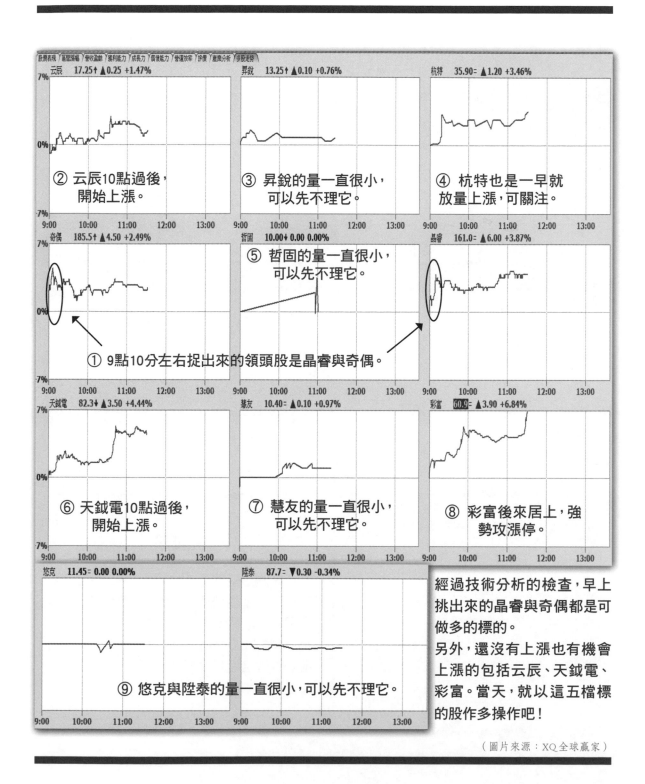

② 云辰10點過後，開始上漲。

③ 昇銳的量一直很小，可以先不理它。

④ 杭特也是一早就放量上漲，可關注。

⑤ 哲固的量一直很小，可以先不理它。

① 9點10分左右捉出來的領頭股是晶睿與奇偶。

⑥ 天鈸電10點過後，開始上漲。

⑦ 慧友的量一直很小，可以先不理它。

⑧ 彩富後來居上，強勢攻漲停。

⑨ 悠克與陞泰的量一直很小，可以先不理它。

經過技術分析的檢查，早上挑出來的晶睿與奇偶都是可做多的標的。

另外，還沒有上漲也有機會上漲的包括云辰、天鈸電、彩富。當天，就以這五檔標的股作多操作吧！

（圖片來源：XQ全球贏家）

148

圖7-14　第五步：檢查當天鎖定五檔個股的績效

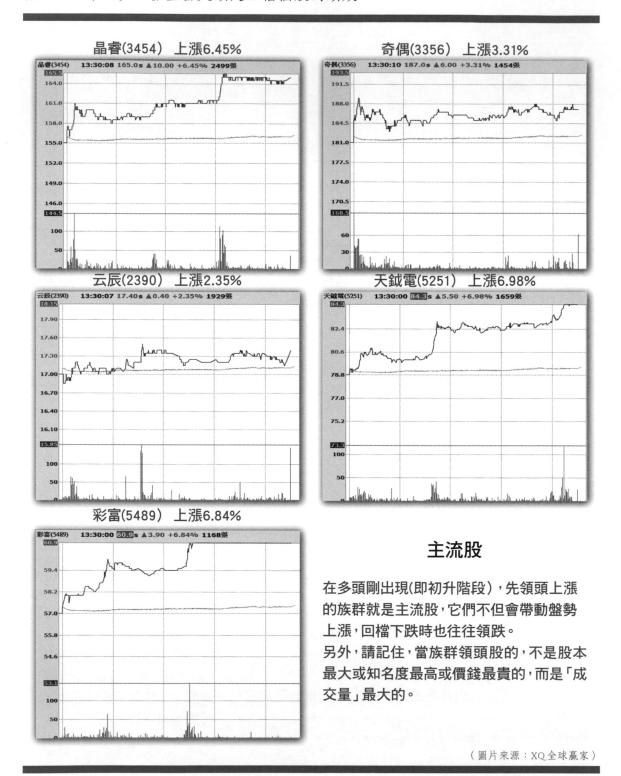

主流股

在多頭剛出現(即初升階段)，先領頭上漲的族群就是主流股，它們不但會帶動盤勢上漲，回檔下跌時也往往領跌。

另外，請記住，當族群領頭股的，不是股本最大或知名度最高或價錢最貴的，而是「成交量」最大的。

（圖片來源：XQ全球贏家）

衝浪交易6
實戰範例三

　　超短線交易（如：當沖）的投資人，初期目標要放在收益超過「手續費＋稅金＋融資融券的利息」。先過了這一步，再慢慢的練習把利潤目標加大。

　　看盤以5分鐘K線或1分鐘K線為主，移動平均線往上翻揚時為買點。當然，一般常見的技術指標也是參考要點。

　　如果以當沖交易為主，這樣的行情一天之中通常有很多次，趁上漲的趨勢買進，出現目標價位就快速賣出。這種方式不能過於戀棧行情，趨勢一旦逆轉就要賣出。可以參考下圖配合最佳五檔的策略交易。

　　以下就以前面挑出來的五檔「強勢股」為例，說明如何運用分K線與最佳五檔的掛單方式，讓自己的利潤能一點點的累積。

圖7-15　盤中利用分K線盯住強勢股範例：天鉞電（5251）、彩富（5489）

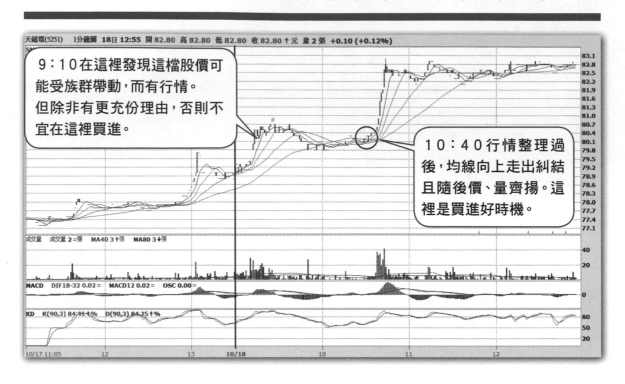

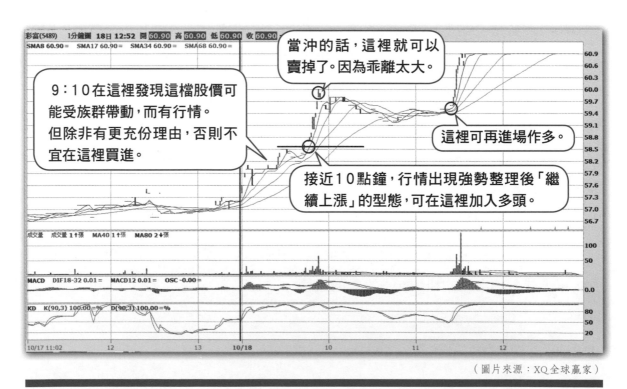

（圖片來源：XQ全球贏家）

表7-4 若是做當沖的話，連最佳五檔的掛單都要斤斤計較，以累積小利潤

委買委賣最佳五檔9：25		
賣量	價格	買量
104	72.4	
19	72.3	
27	72.2	
88	72.1	
23	72.0	★
	71.9	320
	71.8	57
	71.7	25
	71.6	100
	71.5	85

買5張

漲了，把賣單這樣掛出。

委買委賣最佳五檔12：05		
賣量	價格	買量
1045	74.7	
145	74.6	
27	74.5	
3	74.4	
23	74.3	
	74.2	32
	74.1	57
	74.0	66
	73.9	108
	73.8	106

賣2張 → 1045
賣2張 → 145
賣1張 → 27

獲利
股市11條鐵規則

低買高賣、
再低買高賣，
投資獲利的方法萬古不變，
虛心向股市勝利組學習，
即使只學通一招，
你都賺夠了。

小型股與低價股
2個股價大暴衝的故事

　　股價「低買高賣」，這是個很吸引人的標題。但在還沒有進入如何「高賣」之前，請先來研究，為什麼投資人有機會「低買」呢?

　　「低買」，就是股價因為某種因素價格非常低，讓慧眼識好股的投資人可以進場揀便宜。做一個比較大的分類，股票價格「低」有兩種類型。

　　第一種是自己公司的問題，如經營不善、出現重大信譽問題; 第二種是遇到系統性的風險，因外力波及不可避免的下挫。

　　第二種情況很常見。體質再好的企業都會遇上景氣、產業循環等等各式的因素使得股價處於相對低檔的位置。

　　但第一種情況就很特殊了。有些上市櫃公司曾經風光一時，但後來因為產業競爭力不佳或重大違規事件，使得投資人失去信心，行情整個被打趴在地上。不過，這種「爛股」並不完全沒有投資契機，有些企業浴火重生，股價後來上漲到達數百倍之譜。

浴火重生型的企業，股價數倍成長

像早年的茂矽、東隆五金、中鴻等都曾因公司內部管控經營出現嚴重的問題而被打入全額交割股，但在新經營團隊重整下公司重新正常交易。

簡要的說說東隆五金的例子。

東隆五金曾是全球知名製鎖大廠，但在1998年9月爆發大股東鉅額掏空案，並在2000年初經法院裁定重整計畫。在歷經2年的減資及改善財務結構等過程後，東隆五金於2003年即繳出營收14.4億元，稅後淨利2.63億元，每股稅後盈餘4.3元的佳績；2005年營收則逾20億元，年成長率15%，而每股淨值亦由2001年的負1.19元提升至14元以上。

同年東隆五金重新掛牌，創下台灣第一家企業重整成功並重新掛牌的首例，也是企業浴火重生的典型代表。

2012年5月美國手工具業巨擘史丹利百得（Stanley Black & Decker） 宣布，將以每股41.05元收購東隆五金100 % 股權，總併購金額約為36.95億元。

東隆五金是台股歷史中極少數重整成功的案例，但這種浴火型的股票並不是每一檔都能大賺，歷史上有太多太多被打入全額交割股的股票，最後能經過重整到恢復交易的只有少數幾家，更有太多企業浴火之後股票變成壁紙，所以，這類型股票是低價股中風險大報酬高且行情難捉摸的類型。

成功借殼的企業，股價初期表現多半亮眼

比較值得留意的是另一種轉型/借殼的公司。

「轉型」。

上市櫃公司出現這兩個字光，聽就讓人很有想像空間，的確，每家企業在成長的過程中難免遇上瓶頸，如果無法在本業更上一層樓或是該產業已成夕陽產業，轉型/借殼，就是一條選擇的路，只是企圖轉型者眾，真正成功的實在不多，但若真的轉型成功，股價會漲好大一段。

先來講成功的例子。

以近期台股為例，轉型/借殼最成功的莫過於訊康(也就是後來的「桂盟」，股票代碼：5306)。

2012年5月，訊康斥資10.5億取得全球最大自行車鏈條廠桂盟企業100%股權，從此，原來經營電腦區域網路(營業收入：無線網路設備64%、集線器34%)的訊康，轉型為製造自行車與機車傳動部件企業，並改名為：桂盟國際股份有限公司。

附表是「訊康」更名為「桂盟」前後的經營績效。

從財報的數字很明顯的可以看出，訊康在尚未收購桂盟前，所有的績效數據都很差，且因為沒有獲利，連本益比都無法計算，但在收購桂盟(也可以說是桂盟借殼)後，本益比飆高到成長股的水準，與以前的訊康時代非可同日可語。

圖8-1　訊康／桂盟(5306) 週線圖

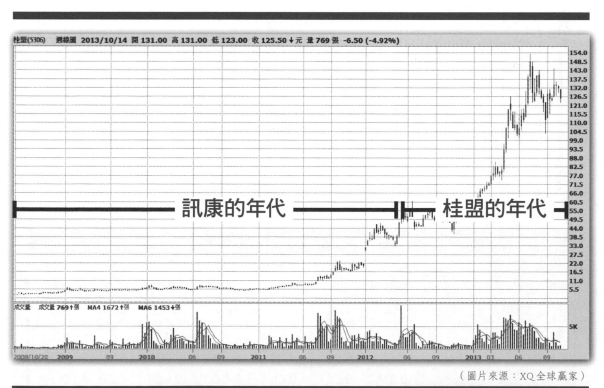

（圖片來源：XQ全球贏家）

表8-1 訊康／桂盟(5306）近期經營績效

季別	營業收入	毛利率	營益率	業外收支	稅後淨利	每股稅後淨利
2013.2Q	478	33.14%	22.87%	3	102	0.99
2013.1Q	481	31.81%	21.19%	2	92	0.9
2012.4Q	571	31.63%	18.00%	17	109	1.06
2012.3Q	521	29.17%	21.91%	4	115	1.12
2012.2Q	153	20.96%	13.08%	1	21	0.2
2012.1Q	108	18.29%	10.65%	1	12	0.12
2011.4Q	111	10.25%	-2.88%	-1	-1	-0.02
2011.3Q	8	-3.21%	-108.85%	4	-4	-0.04
2011.2Q	38	18.76%	-18.37%	-11	-18	-0.22
2011.1Q	17	25.32%	-70.70%	36	25	0.31
2010.4Q	23	11.49%	-65.10%	-3	-19	-0.23
2010.3Q	27	25.30%	-41.73%	-0	-12	-0.15
2010.2Q	30	18.54%	-51.29%	21	5	0.07
2010.1Q	30	24.85%	-37.55%	-2	-13	-0.17
2009.4Q	49	19.78%	-20.47%	21	11	0.16
2009.3Q	29	28.76%	-46.16%	-1	-13	-0.19
2009.2Q	41	10.37%	-60.38%	-4	-28	-0.41
2009.1Q	58	15.27%	-37.67%	5	-16	-0.24
2008.4Q	77	-30.12%	-79.61%	14	-54	-0.8
2008.3Q	66	-0.56%	-61.97%	9	-41	-0.6
2008.2Q	91	-51.26%	-87.63%	3	-90	-0.81
2008.1Q	98	21.54%	-16.32%	-8	-23	-0.21

（桂盟的年代 — 訊康的年代）

年度	2013	2012	2011	2010	2009	2008	2007	2006
最高總市值	15,352	6,100	3,157	642	506	366	799	483
最低總市值	5,183	3,081	429	386	167	126	326	203
最高本益比	60	188	N/A	N/A	N/A	N/A	N/A	N/A
最低本益比	29	0	0	0	0	0	0	0
股票股利	N/A	0.25	0.00	0.00	0.00	0.00	0.00	0.00
現金股利	N/A	0.25	0.00	0.00	0.00	0.00	0.00	0.00

借殼成功了，股價初期也漲了，接著……然後呢？

借殼公司通常是市場派入主，但也有愈來愈多入主者目的是在把原本賺錢的業務灌進借殼公司，讓業績一口氣大暴增，股價也順勢推高數倍。循著「灌業績」這條路子的，近期最有名的就屬基因(6130)了。最早「基因」在2008年之前叫「亞全科」，亞全科當年因未如期繳交財報，遭主管機關下令停止交易。2009年「亞全科」被一家半導體公司借殼，改名叫「達鈺」，沒多久也被主管機關暫停交易。2010年，投資人徐洵平買下「達鈺公司」更名為「基因國際」。之後，由於「基因」吃下了「胖達人」5成的股份，順理成章的將胖達人麵包店的業績灌進「基因」，有了胖達人的業績與知名度加持，基因股價一飛沖天，短時間數倍狂飆。然而，股價終究還是要回到基本面的，基因最終也因為業績不如預期，加上香精麵包事件，股價又打回原形，堪稱為借殼上市公司最經典的代表。

圖8-2　基因(6130)週線圖

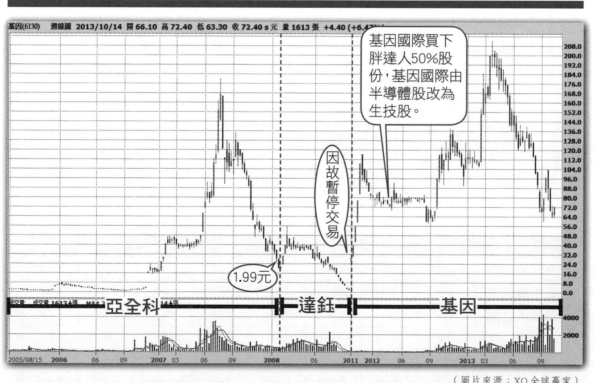

（圖片來源：XQ全球贏家）

表8-2 基因(6130）近期經營績效

季別	營業收入	毛利率	營益率	業外收支	稅後淨利	每股稅後淨利
2013.2Q	327	42.58%	16.88%	-1	32	1.19
2013.1Q	296	43.44%	13.88%	0	23	0.88
2012.4Q	241	42.00%	22.61%	0	33	1.3
2012.3Q	175	37.06%	17.69%	-0	22	0.88
2012.2Q						
2012.1Q						
2011.4Q						
2011.3Q						
2011.2Q						
2011.1Q						
2010.4Q						
2010.3Q						
2010.2Q						
2010.1Q						
2009.4Q						
2009.3Q						
2009.2Q	5	148.15%	-75.53%	14	11	0.27
2009.1Q	0	--	--	-0	-3	-0.12
2008.4Q	4	20.38%	-651.21%	-24	-52	-1.89
2008.3Q	30	-22.33%	-110.28%	12	-22	-0.78
2008.2Q	46	28.46%	-29.19%	-1	-15	-0.54
2008.1Q	34	29.07%	-41.56%	1	-17	-0.61

（左側縱向標示：基因的年代｜達鈺的年代｜亞全科）

由於亞全科沒有如期繳交財報，櫃買中心下令停止交易。2009年達鈺借殼上市，但不久又被暫停交易。

年度	2013	2012	2011	2010	2009	2008	2007	2006
最高總市值	5,500	3,605	1,373	N/A	N/A	1,436	3,520	471
最低總市值	1,618	1,467	657	N/A	N/A	55	313	69
最高本益比	54	30	14	N/A	N/A	N/A	265	N/A
最低本益比	15	11	7	N/A	N/A	34	0	0
股票股利	N/A	0.00	0.00	0.00	0.00	0.00	0.00	0.00
現金股利	N/A	3.25	0.00	0.00	0.00	0.00	0.00	0.00

小型股與低價股
11 條獲利的鐵規則

　　買進像前一節所提的「桂盟」、「基因」這一類的小型股、低股價,雖然風險大,但如果能夠遇上狂飆期,而且獲利入袋,那就太好了⋯⋯。

　　無可諱言,股市處處有陷阱,而且人為的陷阱還不少。但相對來說,也處處有機會,給機會的,人為加工的也不少。

　　避險,最牢靠的方式不能靠公部門(比方說捉內線交易啦、捉禿鷹啦⋯⋯),還是要靠自己的技術。因為股市裡不管誰說了謊、誰在財報資訊上動了手腳或者結合了什麼市場派、公司派,等到事件被披露後,聰明的人早早就賺走錢,而虧錢的也只能自嘆技不如人,這是一個永遠不變的道理。

　　本節整理了11項投資小型股、低價股的操作技巧,請你一面閱讀,一面想想,如果下次遇到類似的情境,你會不會用同樣的方式獲利呢?

01　買進上漲走勢中的個股

安全、有投資魅力的股價圖呈現右肩上漲的走勢。

整體經濟景氣恢復，若行情處於上升基調，小型股上漲比整體行情厲害。上漲走勢下，即使出現少許買進時機差錯，過了一段時間，行情會再漲回來。所以，盡可能在低價時買進，風險更小。

右肩上升的特徵在於，行情持續上升期間，有充分時間可追趕上漲價格。

企業獲利提高，用本益比來計算股價變便宜，股價將進一步上漲，所以要盡可能選擇上升初期投資。

一個接一個的找出這樣的個股買進，就能不斷的把握獲利機會。

圖8-3　儒鴻(1476）週線圖

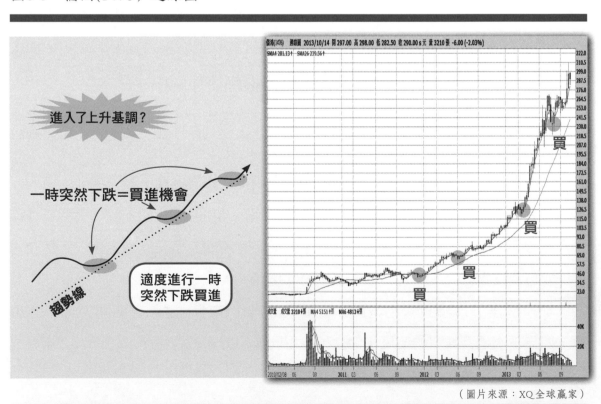

（圖片來源：XQ全球贏家）

02　上漲走勢＋突然下跌，買

買進股票時若不小心買到高價，不得不以灰暗的心情等待下一次上漲，對自己很不利，精神上也會疲勞。

股價如果不是相當程度的暴漲，行情總會沿著移動平均線按照上漲後調整、再次上漲後調整的步調上漲。上漲後，一般會出現獲利了結的賣出潮。這樣的賣出對於上升基調的個股來說是「調整」，也就是借由不斷賣出，儲蓄下一次上漲能量。

要想通過上升基調的小型股賺錢，買進不能太著急。要抓到必定會到來的調整行情。從心理上講，調整局面下可能會買不下手。不過，小型股投資應該要反他人之道而行才易獲利。高價附近的股價圖如果出現上影線，極有可能是最高價了。

圖8-4　美利達(9914）週線圖

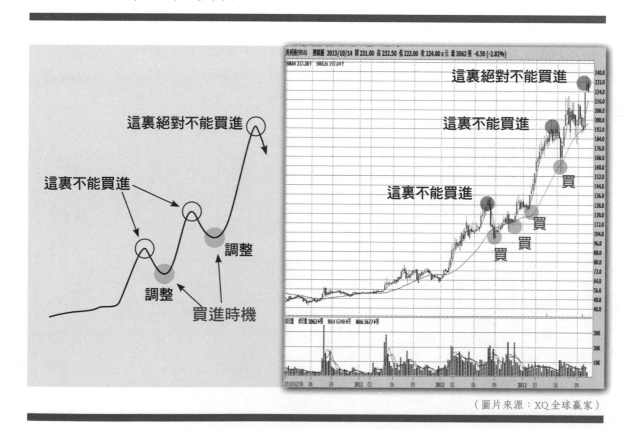

（圖片來源：XQ全球贏家）

03 養成分批買進的習慣

即使股價處於上升基調,也無法簡單判斷未來是繼續上升還是見頂。

因此,本來處於調整性的下跌,也容易招致不安,要想戰勝下跌時的不安,投資人要有「抗跌力」,當然,不能完全仰賴心理建設,技術上要採用分批買進的原則。也就是不要一次將所有資金投入,而是細分,減少每次的買進數量。這樣一來,如果買進後下跌,就可以以更低價格再買進。不用擔心價格下跌,而是「期待下跌」。如果能夠這樣想就可在一時突然下跌時輕鬆買進。股價如果反彈,由於買進時有富餘,獲利了結的機會增多,投資就易賺錢。上升基調時,若急於一口氣買進容易受傷。

圖8-5 車王電(1533)週線圖

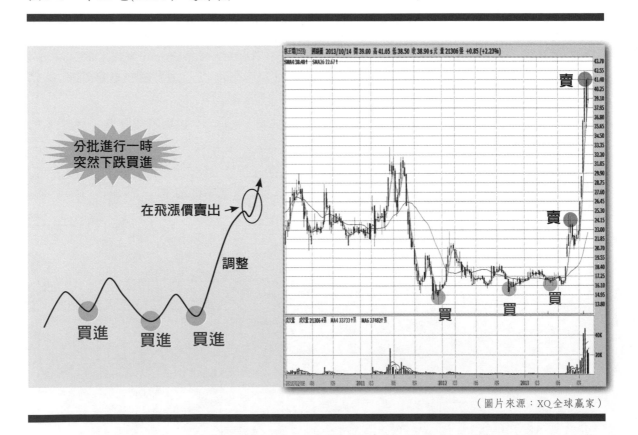

（圖片來源：XQ全球贏家）

04 股價飛漲要懂得部份獲利了結

　　小型股一旦開始變動，股價在瞬間上漲。有時候還會漲停鎖死。這種時候，任何人都會嚷嚷「太好了」！

　　但是，接下來要如何應對呢？小型股只要稍微有一點不平衡，就可能從漲停轉入跌停。因此，從機率的角度來看，股價飛漲後，正是獲利了結的時機。如果持有股數多，可以先賣一半。

　　這樣一來，即使剩下的持有股低於買價，也不會虧損。還有餘裕繼續期待更進一步的高價。如果沒有這個餘裕，就無法安心追趕到最高價。

　　沒有心理上的富餘，就會急躁的作出判斷。從某方面講，股票交易是一場心理遊戲。

圖8-6　橋椿(2062) 週線圖

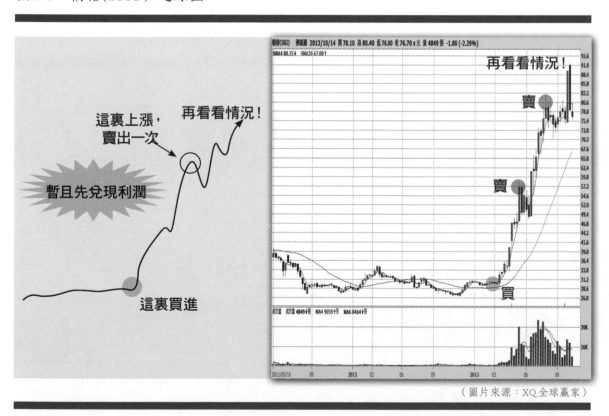

（圖片來源：XQ全球贏家）

05 賣出時，也要分批賣出

運氣好得以在低價買進了很多股，但不要指望在高價賣出所有持股。「高價」屬於結果論，只有上帝才知道。身為凡人的我們是不可能知道。要想提高投資效率，應該在持股出現利潤時細分、以一點一點方式確定利潤，不能過分貪心。

提高利潤，機率很重要。賣出時要像在花圃裏一朵一朵摘花一樣，享受快樂的同時獲利出場。之後，如果能出現「進一步一時突然下跌（進一步上漲的初級階段）」可以再次買進。

便宜買進，差不多的時候賣出。反復這樣的動作，透過小型股投資獲利不是夢。但任何股票在到達高價後，如果賣出量急速增加，賣盤將引發更多賣盤，會下跌到無底深淵。如果碰到跌停，就會連本帶利都賠光。

圖8-7　橋椿(2062）週線圖

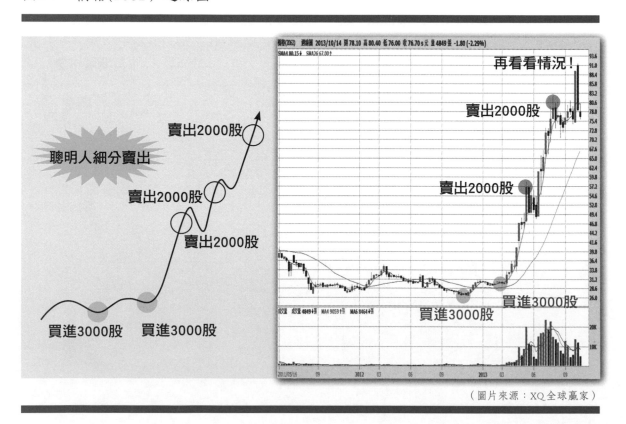

（圖片來源：XQ全球贏家）

06 在成交量增加初期買進

股價開始上漲時，大多數買賣成交量會激增，無論小型股、大型股都一樣。成交量的增加，是股價大變動的前兆。由於聚集了人氣，所以買進賣出增加，使股價上漲的能力更強。

在成交量增加時，小型股的股價上漲、下跌幅度很大。稍微的買賣不平衡，小型股都容易胡亂上漲、下跌。

買賣成交量不會一直持續在高水準。在高價圈內成交量不再增加時，可以賣出的股票減少，只要稍微的賣出量也可能引發暴跌。要想在小型股上賺錢，必須在成交量增多的初期買進。明顯出現上漲後再買進，成交量不再增加的高價圈賣出。

要想順利抓住成交量時機，必須從平時開始努力觀察成交量的動向。

圖8-8　英業達(2356）週線圖

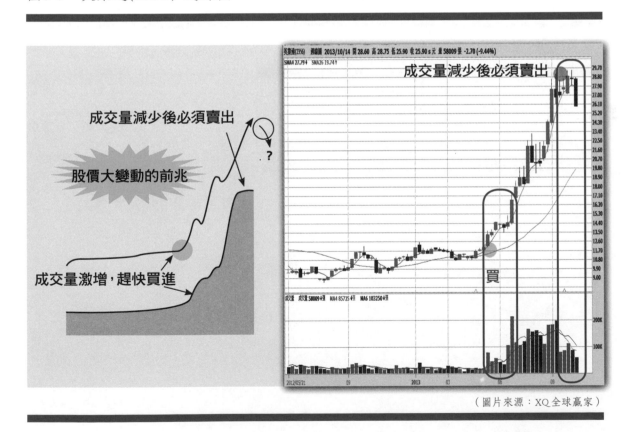

（圖片來源：XQ全球贏家）

07 瞄準業績變化率

　　常說，股價不會誠實的反映基礎指標(業績）。這句話不可全信。

　　股價和業績的關係必然是同步。一般而言，利潤增加，股價水準當然會上漲。即使在某個時間利潤增加沒有與股價連動，最終還是會連動。

　　從這一點來看，深切關注業績變化很重要。尤其，業績向上修正的新聞，對於增加股價勢頭有很大的作用，有時可能以漲停開始。不過，這種情況下，見機行事才是賢明之舉。股價過度反應必定會被修正。修正後，趁股市處於弱勢時也是買進機會。從長遠來看，業績變好股價右肩上升可以預測，即使資訊明朗化後，持有該股票也能夠增加獲利的機會。

圖8-9　聯發科(2454）日線圖

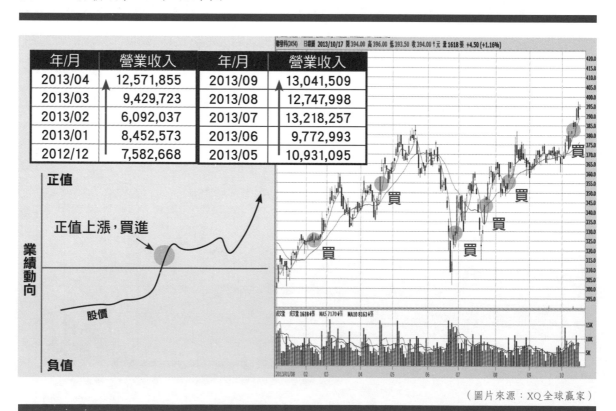

（圖片來源：XQ全球贏家）

08 讓聯想力經常發揮作用

要想洞燭先機，平時必須瞭解經濟、產業動向。比如，石油創新高價的新聞出現後，替代能源相關的企業行情就會馬上變動。

股票市場經常會隨著題材而動。除非投資人本身是某方面的專業，較有可能早一步發掘題材，否則一般投資人只要在某個題材出現後，知道「與這個題材有關的企業」就可以了。

如果不理解股價為什麼會出現波動，就不能懷著十足把握買進。

投資人應該在觀察股價波動時一併想到下一步什麼行情會受影響？要養成這種經常聯想的習慣。

圖8-10 綠能(3519) 日線圖

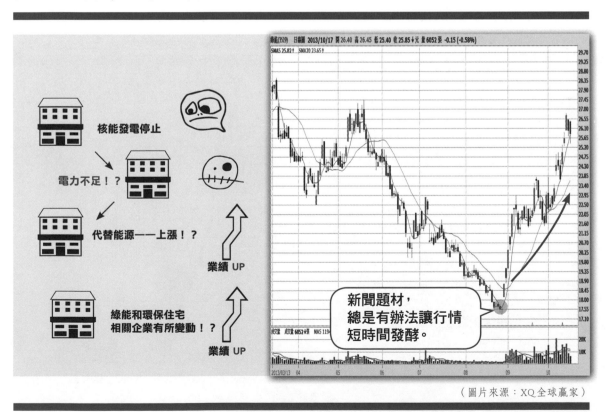

（圖片來源：XQ全球贏家）

09 底價買進後，等待很重要

　　總是經常對價格上漲的股票出手，屬於短線的做法，這種買賣手法無法獲得巨大利潤，反之，在出現景氣好轉前買進待漲股票就能夠獲得相當大的利潤幅度。

　　當消費低迷逐漸恢復，可以在「股價過度下跌」中撿便宜股買進。例如，百貨業股明確的業績恢復並不明顯，但實際上股價已經在上漲，不過，上漲局面下也會出現獲利了結的調整局面。但當人氣再度匯聚，還是能得到回報。如果不採用這種「伏擊投資」，可能會買在高價。股價上漲有一定順序。業績良好、股價卻不動的企業，一旦輪到上漲，必定會出現補漲行情。等待時機，獲得巨大差額利潤，是股票投資的基本。

圖8-11　遠百(2903)週線圖

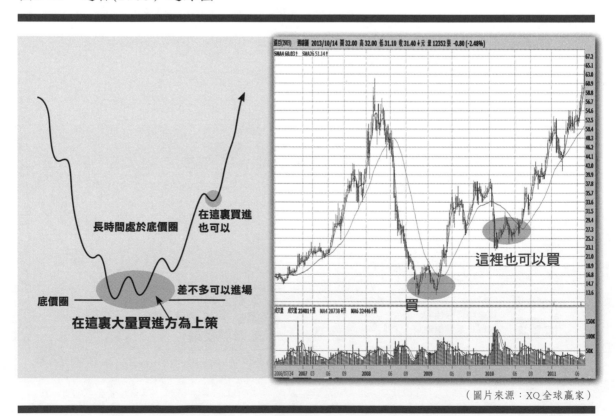

（圖片來源：XQ全球贏家）

10　即使業績不佳也能買進的股

　　以百貨業為例，當景氣低迷百貨的業績沒精打采時，與其相關的個股表現必然不佳。儘管如此，當景氣恢復時，與消費相關的個股必會有所表現。所以，對投資人而言，這種「伏擊策略」是很好用的，最好不要等到業績轉好後，再搶著投入已經晚了。如果能做到這一點，就能搶在別人前面賺到錢。

　　適合「伏擊策略」的有那一些股票呢？百貨、運輸對景氣反映敏感，景氣好轉，變動也會加快。與運輸相關的像汽車、海運、流通服務在景氣好時也會有不斷買進。預先估測這些動向是股票投資大賺的訣竅所在。有一個成語叫「先發制人」，能夠預測未來的投資者才能獲勝。

圖8-12　長榮(2603) 月線圖

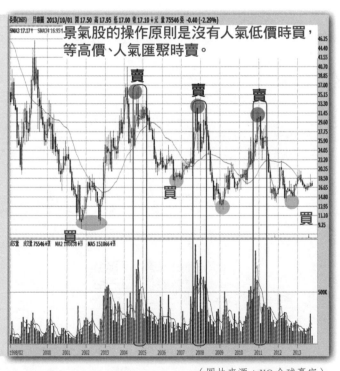

景氣股

景氣不佳一段時間後
適合買進；
景氣大好一段時間後
適合賣出。
例如：
水泥、塑化、鋼鐵、營
建、航運、DRAM、TFT
LCD(面板股)等都屬於的
景氣股。

（圖片來源：XQ全球贏家）

170

11 注意信用交易的程度

　　如果股價看漲，最先增加的是融資餘額，接著，融券餘額也會緊隨在後。也就是認為還會上漲的人繼續借錢買進，認為價格過高的人則借券賣出。

　　股價上漲後，多、空雙方數量都會增加。這是因為對股價的見解不一樣。而這種差異正是股價形成中不可缺少的要素。

　　行情不可能單方存在，出現成交量是買進和賣出達到相同股數——買方認為還會上漲增加買進，賣方認為價格過高增加賣出。最後，任何一方都無法繼續忍耐下去。所以，股價如果上漲過度，特點是信用交易也會到達頂峰。

圖8-13　伍豐(8076)週線圖

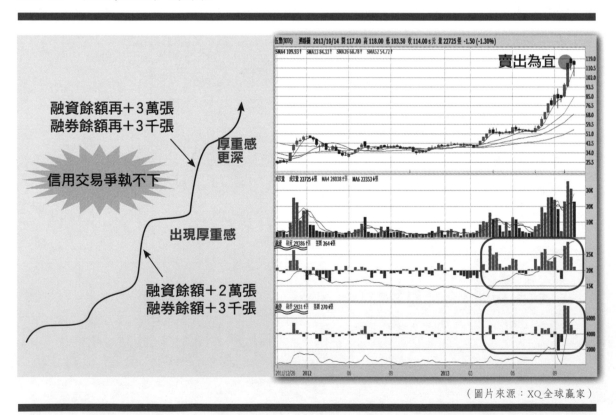

（圖片來源：XQ全球贏家）

・國家圖書館出版品預行編目資料

看盤選股	/新米太郎 編著.
-- 增訂初版 . -- 臺北市：	恆兆文化，2013.10
176面； 21公分×28公分	（股票超入門；2）
ISBN 978-986-6489-52-5 （平裝）	
1.股票投資 2.投資分析 3.投資技術	
563.53	102018801

股票超入門系列 02：

看盤選股

出　版　所	恆兆文化有限公司
	Heng Zhao Culture Co.LTD
	www.book2000.com.tw
發　行　人	張正
編　　　著	新米太郎
封 面 設 計	David
版　　　次	增訂初版
插　　　畫	韋懿容
電　　　話	＋886-2-27369882
傳　　　真	＋886-2-27338407
地　　　址	台北市吳興街118巷25弄2號2樓
	110,2F,NO.2,ALLEY.25,LANE.118,WuXing St.,
	XinYi District,Taipei,R.O.China
出 版 日 期	2013/10
Ｉ Ｓ Ｂ Ｎ	978-986-6489-52-5(平裝)
劃 撥 帳 號	19329140　戶名　恆兆文化有限公司
定　　　價	249元
總　經　銷	聯合發行股份有限公司　電話　02-29178022

特別銘謝：
本書採用之技術線圖與資料查詢畫面提供：
嘉實資訊股份有限公司

網址：http://www.xq.com.tw